Introduzione

Nel panorama aeronautico italiano l'AMX è stato sempre un velivolo controverso.
Frutto di una specifica piuttosto generica e semplicistica, dove sembrava prevalere la preoccupazione di limitare i costi rispetto alle prestazioni da fornire, anche all'interno della Forza Armata stessa e dell'apparato industriale l'aeroplano non ha sempre avuto la considerazione che merita. Se è vero che le scelte dell'installazione del propulsore "Spey" e di non utilizzare un moderno apparato radar per la navigazione e l'attacco hanno, talvolta, limitato le prestazioni e le caratteristiche di volo, è anche vero che, una volta raggiunta la dotazione avionica e di armamento completa, l'AMX si è rivelato un eccellente velivolo, perfettamente in grado di svolgere i compiti assegnati: l'appoggio tattico alle truppe al suolo, l'attacco leggero e la ricognizione.
Non vi sono esercitazioni o missioni operative nelle quali l'AMX non abbia dimostrato le sue qualità, facendo sempre parte dei contingenti dell'Aeronautica Militare in Italia ed all'estero inseriti nei più complessi scenari internazionali.
Certo è che, con le decisioni che hanno condotto allo sviluppo di questo velivolo, l'Italia ha probabilmente perso un'occasione per realizzare un prodotto all'avanguardia, anche se con limitate risorse economiche.
Nonostante tutto, a quasi trent'anni dal primo volo, l'AMX costituisce ancora oggi un elemento fondamentale per l'Aeronautica Militare, affidabile ed efficace nelle proprie missioni; sebbene non innovativa dal punto di vista del disegno e delle soluzioni tecniche ed aerodinamiche, la formula scelta dallo Stato Maggiore si è, quindi, rivelata azzeccata. Anche l'attenzione al bilancio è stata conseguita: il costo della formazione di un pilota "combat ready" e di un'ora di volo dell'AMX, infatti, corrispondono alla metà di quelle di un "Tornado".

Introduction

The AMX aircraft has always been a controversial aircraft in the eyes of Italians. The result of a rather generic and simplistic request, where cost-awareness seemed to prevail over performances and benefits to provide, within the Air Force itself and the aeronautical industries, the AMX has not always received the consideration it deserves. If it is true that the choice of installing the "Spey" engine and not to use a modern radar equipment for navigation and attack have sometimes hampered the performance and flight characteristics, it is also true that, once installed more avionics equipments and a complete weaponry, the AMX has revealed itself as an excellent aircraft, well able to perform the assigned tasks: tactical support to ground troops, light attack and reconnaissance. There are no exercises or operational missions in which AMX has not proved its qualities, becoming part of the Air Force contingent in Italy and abroad seen in the most complex international scenarios. For sure, in spite of the decisions that led to the development of this aircraft, Italy may have lost an opportunity to make a breakthrough product, albeit with limited economic resources. Nevertheless, nearly thirty years since first flight, the AMX is still a key element in the Air Force, reliable and effective in his missions, although not innovative in terms of design, technical solutions and aerodynamic, the formula chosen by the AF General Staff has, therefore, proved correct: the cost to train a "combat ready" pilot and an AMX flight hour, in fact, correspond to half of those of a "Tornado".

Due anticipazioni pittoriche del progetto AM-X, nella prima quella con musetto a punta, poi adottata nella realtà, nella seconda la versione con musetto fotografico (disegni Aeritalia).

Two AM-X project drawings, the first as it was build, the second showing the photo "nose" (Aeritalia drawings).

Le origini e lo sviluppo

Verso la metà degli anni Settanta l'Aeronautica Militare iniziò una serie di studi volti a stabilire le richieste da inviare alle industrie per un aeroplano in grado di compiere missioni di attacco a breve/medio raggio, ricognizione armata, CAS (Close Air Support - supporto aereo ravvicinato), di contro aviazione, di interdizione del campo di battaglia, BAI (Battlefield Air Interdiction) e TASMO (Tactical Air Support of Maritime Operations - supporto aereo tattico alle operazioni marittime), in supporto alle forze di Esercito e Marina.

Il ruolo del nuovo velivolo doveva essere complementare a quello del più pesante "Tornado" e, nelle intenzioni dello Stato Maggiore, avrebbe dovuto sostituire i G.91R e G.91Y ancora in servizio, oltre ai ricognitori RF-104G ed F-104G, questi ultimi utilizzati con il pod "Orpheus".

Nel 1977 l'Aeronautica Militare pubblicò lo studio che definiva l'utilizzo e le prestazioni del caccia bombardiere in un documento chiamato "Requisito per un aereo caccia/bombardiere/ricognitore AM-X". Come aiuto e riferimento per l'industria fu utilizzata la descrizione

Origin and development

In the mid-seventies the Italian Air Force began a series of studies to determine requests to be sent to industries for an airplane capable of performing short / medium range attack missions in the, armed reconnaissance, CAS (Close Air Support), counter-air, BAI (Battlefield Air Interdiction) and TASMO (Tactical Air Support of Maritime Operations), in support of Army and Navy forces. The role of the new aircraft was intended to be complementary to the heavier "Tornado", the General Staff wanted to replace all G.91R and G.91Y still in service, in addition to reconnaissance RF-104G and F-104G, the latter flown with the pod "Orpheus". In 1977 the Air Force published the study that defined the use and performance of the new fighter bomber in a document called "The requirement for an aircraft fighter / bomber / reconnaissance AM-X". As a reference and aid to industries the mission type was described: the airplane would have had to transport 5,000 pounds of external loads, with a takeoff run of

AERITALIA Group
IRI finmeccanica

L'AMX durante un volo di collaudo
The AMX during a test flight

Fotografia ufficiale Aeritalia del primo prototipo dell'AMX in volo, matricola X-594. Questo esemplare precipiterà il 1° giugno 1984, al quinto volo di collaudo, ai comandi di Manlio Quarantelli causando la morte del pilota (foto Aeritalia).

Aeritalia first prototype X-594 official in-flight picture. This airplane crashed on June 1st 1984, during its fifth flight, killing in the aftermath the pilot, Manlio Quarantelli (photo Aeritalia).

Le Alpi piemontesi fanno da sfondo al secondo prototipo, matricola X-595, ripreso in volo con due simulacri di missili Sidewinder alle rotaie alari e due simulacri di bombe Mk.83 ai travetti interni (foto Aeritalia).

Piedmont Alps are the background for second prototype X-595, carrying two inert Sidewinder and two Mk.83 shapes on internal pylons (photo Aeritalia).

di una missione tipo: l'aeroplano avrebbe dovuto trasportare 2.720 Kg di carichi esterni, con una corsa di decollo di 800 metri, volando a bassa quota e ad alta velocità subsonica, su di un bersaglio distante 370 Km, usando solo il carburante interno; l'aereo sarebbe stato equipaggiato con la migliore avionica dell'epoca e con un moderno sistema di difesa attiva e passiva.

Naturalmente fu valutato se fossero già disponibili mezzi in grado di soddisfare le richieste dell'Aeronautica. Furono così analizzati l' "Alpha Jet", l' "Harrier", l'A-4 "Skyhawk", l'F-5E "Freedom Fighter" l' "Orao" e il "Jaguar", ma nessuno dei velivoli aveva le caratteristiche per rispondere alle esigenze italiane, inoltre la loro adozione non avrebbe portato grandi benefici all'industria aeronautica nazionale, quindi furono accantonati.

2,400 feet, flying at low altitude and high subsonic speed, to a target placed at 200 NM, using only the internal fuel. The aircraft would be equipped with the best available avionics at that time and active and passive defense system. Obviously, it was evaluated if there were already available aircrafts able to meet the demands of the Air Staff. "Alpha Jet", "Harrier", A-4 "Skyhawk", F-5E "Freedom Fighter", "Orao" and "Jaguar" were screened, but none of the aircraft had the features able to meet Italian requirements, also their adoption wouldn't bring any real benefits to the national aviation industry, so they were set aside. The studies and the official request containing the specifications were sent to Aeritalia and Macchi so that they might submit a proposal. The companies produced eight studies based on various engines: F-404, J-79, TF-34, RB-168, M45, RB-199, M53 and "Viper", each starting

Lancio sperimentale di un missile aria-aria a ricerca all'infrarosso modello Sidewinder da parte del terzo prototipo, matricola X-596. Da notare il pod ventrale dotato di telecamere e macchine fotografiche utile alla ripresa delle fasi di lancio del missile (foto Aeritalia).

Infrared search air-to-air Sidewinder missile test launch using AMX third prototype X-596. The ventral pod contains photo and motion cameras for missile launch analysis (photo Aeritalia).

Gli studi e la richiesta ufficiale contenente le specifiche furono inviati all' Aeritalia ed alla Macchi affinché potessero presentare una proposta; le aziende produssero otto studi di massima basati su diverse motorizzazioni: F-404, J-79, TF-34, RB-168, M45, RB-199, M53 e "Viper", partendo ciascuna da un progetto interno che per l'Aeritalia era il 320-14 e per la Macchi l'MB.340. Le due ditte, consorziatesi a giugno 1978, unificarono i loro lavori e, come base di partenza, fu scelta la soluzione dell'Aeritalia, nella quale confluirono alcuni elementi adottati dall'MB.340. La definizione del progetto venne sviluppata da un gruppo di lavoro costituito dall'ing. Giulio Ciampolini dell'Aeritalia e dall'ing. Ermanno Bazzocchi dell'Aermacchi.

Nell'ottobre 1978 lo Stato Maggiore optò per una soluzione basata sull'utilizzo del propulsore Rolls Royce RB168 "Spey" che, almeno sulla carta, sembrava essere la migliore nel rapporto prestazioni/costi; la versione scelta sarebbe stata sviluppata partendo dallo "Spey" militare Mk.101 e da quello civile Mk.555.

L'aeroplano così definito poteva essere prodotto in tempi relativamente brevi ad un costo accettabile, grazie alla scelta di un motore collaudato che avrebbe permesso di

from an internal project that for Aeritalia was 320-14 and for Macchi the MB.340. The two companies, joining forces in June 1978, unified their studies and as a starting point Aeritalia project was chosen, which came together with some solutions from the MB.340. The definition of this project was developed by a working group formed by Aeritalia's Ing. Giulio Ciampolini and Aermacchi's Ing. Ermanno Bazzocchi with their respective teams. In October 1978 the Chief of Staff opted for a solution based on the use of the Rolls Royce RB168 "Spey" engine, that, at least on paper, seemed to possess the best performance / cost ratio and the model chosen was developed starting from the military "Spey" Mk.101 and civilian Mk.555. The plane thus defined could be produced relatively quickly at a reasonable cost, thanks to the choice of a proven engine that would avoid a series of expensive and sophisticated experiments and would give the industry the opportunity to focus on flight parameters and integration of new systems and on-board equipments. Between June and August 1979

AMX - Dedicated attack aircraft

Quattro bombe inerti Mk.82 e due missili Sidewinder sono il carico della matricola X-597 in una foto ufficiale dell'Aeritalia in cui l'AMX è definito "Dedicated Attack Aircraft" (foto Aeritalia).

Four inert Mk.82 bombs and two Sidewinder missiles are the weapon load of s/n X-597, in this Aeritalia picture, where the AMX is defined as "Dedicated Attack Aircraft" (photo Aeritalia).

evitare una serie di costose e sofisticate sperimentazioni e avrebbe dato la possibilità all'industria di concentrarsi sui parametri di volo e sull'integrazione dei nuovi sistemi e apparati di bordo. Tra giugno e agosto 1979 furono approvati i primi due contratti con le industrie, uno con Aeritalia e Macchi per la definizione del sistema d'arma (12 miliardi e 331 milioni di lire dell'epoca), uno con Rolls Royce per l'adattamento e l'omologazione del motore (9 miliardi di lire dell'epoca).

Nelle intenzioni della Forza Armata l'AM-X sarebbe dovuto essere un moderno caccia tattico con un adeguato potenziale di sviluppo. Le specifiche finali prevedevano una velocità di penetrazione pari a Mach 0.85 a bassissima quota con una stabilità di volo eccellente, basso consumo di carburante ed una "suite" elettronica all'avanguardia. L'aereo avrebbe avuto capacità STOL (Short Take Off and Landing - decollo e atterraggio corto), un sistema avanzato di ECM (Electronic Counter-Measures - contro misure elettroniche), una ridotta segnatura al radar ed un' altrettanto ridotta segnatura all'infrarosso, il tutto accoppiato ad un'eccellente resistenza ai danni in combattimento, grazie alla cellula particolarmente robusta.

Due missili aria-aria a ricerca all'infrarosso tipo AIM-9 "Sidewinder" ed il cannone General Electric (costruito il Italia dalla Breda su licenza) M61A1 "Vulcan" avrebbero dato all'aeroplano le giuste capacità di autodifesa.

Durante la fase di definizione vi furono contatti tra l'Aeronautica Militare e la Reale Aeronautica Svedese che, tramite la SAAB, aveva allo studio il progetto di un velivolo da supporto tattico e addestramento avanzato (progetto SAAB 38 - B3LA) per certi aspetti molto simile al futuro AM-X, anche se bisposto; la collaborazione si interruppe quando a febbraio 1979 gli svedesi decisero di abbandonare il progetto B3LA per concentrarsi su quello che sarebbe poi diventato il JAS-39 "Gripen".

Quasi contemporaneamente si fece avanti il Brasile, la cui aviazione aveva un requisito per un velivolo da combattimento dalle prestazioni e dalle caratteristiche analoghe a quello in sviluppo in Italia; l'industria aeronautica brasiliana aveva, inoltre, la necessità di prendere parte allo sviluppo ed alla produzione di un moderno aeroplano militare.

Il 29 marzo 1980 una Dichiarazione di Principio fu siglata a Brasilia con la quale i due governi si impegnavano a sostenere i costi di progetto e produzione del futuro velivolo. La Dichiarazione di Principio fu formalizzata il 21 marzo 1981, a Roma, con la sottoscrizione del Memorandum d'Intesa n°1 (MoU, Memorandum of Understanding) che fissava la linee guida generali e le modalità di attuazione del programma; attraverso successivi MoU si arrivò alla definizione finale del progetto e furono stabilite le percentuali di suddivisione dei lavori: Aeritalia 46,7%, Embraer 29,7% ed Aermacchi 23,6%.

were approved the first two contracts with industry, first with Aeritalia and Macchi for the definition of the weapon system (12.331 billion lira), then with Rolls Royce, for adaptation and approval of the jet (9.0 billion lira). In Air Force's intentions, AM-X should have to be a modern tactical fighter with an adequate development potential, with the ability to perform different missions. Final specifications included a penetration speed of Mach 0.85 at very low altitude with excellent flight stability, low fuel consumption and a really advanced electronic "suite". Also, AM-X would have STOL (Short Take Off and Landing) capacity, a state-of-the-art ECM (Electronic Counter-Measures) system, reduced radar and infrared signature, all coupled to an excellent combat-damage resistance, thanks to a very rugged airframe. Self-defense was obtained thru infrared-search Sidewinder air-to-air missiles (on wingtip) and General Electric (built under license in Italy by Breda) M-61A-1 "Vulcan" cannon. During the definition phase, there were contacts between the Italian Air Force and the Royal Swedish Air Force which, thru SAAB had also a study about the design of an aircraft for tactical support and advanced training (project SAAB 38 - B3LA) in some respects very similar (although bi-place)to the future AM-X. This cooperation was interrupted in February 1979 when the Swedes decided to give up the B3LA project to focus instead on what would later become the JAS-39 "Gripen". Almost at same time Brazil showed up, where its Air Force had a requirement for a fighter aircraft bearing performance and characteristics similar to those under development in Italy; the Brazilian aviation industry was also in need to take part in the development and production of a modern war plane. On 29 March 1980, a Declaration of Principles was signed in Brasilia, in which the two governments undertook to bear the costs of design and production of future aircraft. The Declaration of Principle was formalized March 21, 1981, in Rome, with the signing of the Memorandum of Understanding No. 1 which set the general guidelines and procedures for implementing the program; through subsequent MoU, both states came to the final definition of the project and the percentages of division of work were established: Aeritalia 46.7%, Embraer 29.7% and Aermacchi 23.6%. Number of airplanes to be built was established in 187 single-place (including prototypes) for Italy and 79 for Brazil, which would add 51 two-seaters for the Italian Air Force and 14 for the Força Aérea Brasileira. These numbers, however, will not be respected and the

Il quantitativo degli aeroplani venne fissato in 187 esemplari monoposto (inclusi i prototipi) per l'Italia e 79 per il Brasile, ai quali si sarebbero aggiunti 51 biposto per l'Aeronautica Militare e 14 per la Força Aérea Brasileira. Questi numeri, tuttavia, non saranno rispettati ed i velivoli entrati in servizio saranno 110 monoposto e 26 biposto per l'Italia e 45 monoposto e 11 biposto per il Brasile. Il consorzio "AMX International" fu presentato a Londra nel giugno del 1987.

La realizzazione dell'AMX, la sigla aveva, intanto, perso il trattino, fu quindi suddivisa secondo le diverse percentuali di partecipazione al consorzio: all'Aeritalia toccarono la sezione centrale della fusoliera, il radome, l'abitacolo, gli impennaggi verticali e orizzontali e le superfici di controllo alari, all'Aermacchi furono assegnate la sezione posteriore della fusoliera, del cono di coda e del tettuccio mentre l'Embraer avrebbe costruito le ali, le prese d'aria del motore, i piloni alari ed i serbatoi esterni. Gli aeroplani venivano quindi assemblati in tre diverse linee finali, una per ognuno dei principali stabilimenti delle ditte costruttrici. Il trasporto dei diversi pezzi da assemblare avveniva tramite l'impiego dei DC.10-30 cargo della VARIG, la compagnia di bandiera brasiliana, che facevano la spola tra Torino e Sao José dos Campos. Un comitato di coordinamento e controllo avrebbe assicurato la supervisione tecnica durante tutta la durata del programma.

La versione italiana e quella brasiliana dell'AMX differiscono per alcuni particolari: l'armamento di lancio è costituito da un cannone da 20 mm M61 Vulcan per gli esemplari italiani e da due cannoni da 30 mm DEFA 554 per quelli brasiliani che, oltre ai Sidewinder, possono utilizzare anche i missili aria-aria MAA-1 Piranha; sugli aeroplani sudamericani l'avionica è meno sofisticata ed i serbatoi di carburante interni hanno una capacità maggiore, necessaria per le notevoli estensioni territoriali di quella nazione.

Il primo prototipo dell'AMX, l'A01 MMX594, fu completato il 12 febbraio 1984 e staccò le ruote dalla pista di Torino Caselle il 15 maggio, con ai comandi il capo collaudatore dell'Aeritalia Comandante Manlio Quarantelli; questo esemplare precipitò il 1° giugno, durante il quinto volo, a causa dello spegnimento del motore a bassa quota, causando la morte del Comandante Quarantelli.

Il 19 novembre 1984 fu il secondo prototipo, l'A02 MMX595 di produzione Aermacchi, a decollare dall'aeroporto di Venegono ai comandi del collaudatore dell'Aeritalia Comandante Egidio Nappi; questo aereo fu quindi trasferito a Caselle per rimpiazzare nei collaudi l'A01. L'A03, MMX596, fu il primo velivolo dotato dell'avionica completa mentre il 16 ottobre 1985 il primo prototipo brasiliano, A04 YA-1-4200, decollò dalla pista dell'Embraer a Sao José dos Campos.

L'A05, MMX599, effettuò il primo volo da Venegono il 26 luglio 1986 ed il secondo e ultimo prototipo bra-

aircraft entered service will be 110 single-seaters and 26 two-seaters to Italy and 45 single-seaters and 11 two-seaters for Brazil. The consortium "AMX International" was presented in London in June 1987. AMX program fulfillment (the dash between AM and X was lost at this time) was then divided according to the different rates of participation in the consortium: Aeritalia was in charge of the central section of the fuselage, radome, cockpit, fin, tail and elevons; to Aermacchi were assigned the rear section of the fuselage, tail cone, windscreen and cockpit's hood; while Embraer would build the wings, air intakes, wing pylons and external fuel tanks. The planes were then assembled into three final assembly lines, one for each of the main contractors on the manufacturing side. The transport of different pieces to be assembled was through the use of VARIG's DC.10-30 cargo, Brazil's national airline, which shuttled between Turin and Sao José dos Campos. A coordination and control committee would ensure the technical supervision throughout program's life. The Italian and the Brazilian versions of AMX are slightly different in some details: fixed armament for ItAF consists of a 20 mm M-61 "Vulcan" cannon, while for FAB is composed by two 30 mm DEFA 554 cannons, in addition with air-air missiles MAA-1 "Piranha"; South Americans aircrafts carry less sophisticated avionics and internal fuel tanks have a higher capacity, necessary for the vast territorial extensions of that nation. The AMX first prototype A01, MMX594, was completed on February 12th, 1984 and was flown off the tarmac on May 15th at Turin-Caselle airport by Aeritalia chief test pilot, Commander Manlio Quarantelli, at controls. This plane crashed on June 1st, during its fifth flight, due to an engine shutdown at low altitude, causing the death of Commander Quarantelli. On November 19th 1984 was the turn of the second prototype, the A02 MMX595, made by Aermacchi, taking off from Venegono with test pilot Egidio Nappi at controls. This aircraft was then transferred to Caselle in order to replace, in flight testing, the A01 prototype. The A03 prototype, MMX596, was the first to fly with full avionics and on October 16th, 1985 the first Brazilian prototype, YA-1 A04-4200, took off from runway Embraer's facility runway in Sao Jose dos Campos. Test aircraft A05, MMX599 made the first flight from Venegono on July 26, 1986 and the second and final Brazilian prototype, YA-1 A06-1-4201 flew December, 22nd 1986. Not originally planned, built as a private initiative of the three manufacturers, on May, 24th 1984

siliano, l'A06 YA-1-4201, volò il 22 dicembre 1986. Originariamente non previsto, costruito come iniziativa privata delle tre ditte produttrici, vi fu l'A11, MMX597, che prese il volo per la prima volta il 24 maggio 1984 da Venegono.

from Venegono flew the prototype A11, MMX597 from Venegono Aermacchi's plant. Aeritalia also build a static test airframe, which some sources attribute the MMX598. The first two-seater, produced by Aeritalia, flew on March

Prova di sgancio di una bomba Mk.82 Snakeye con sistema frenante, questa volta il pod per le riprese della fase di sgancio è agganciato ad un pilone alare (foto Aeritalia).

Retarded Snakeye Mk.82 bomb test drop; this time the camera pod is carried by wing pylon (photo Aeritalia).

Pubblicità dell'AMX tratta da una rivista dell'epoca.

Vintage magazine AMX advertisement.

I prototipi due, tre e quattro ripresi in volo in formazione, interessante la mimetica utilizzata sul prototipo numero due che riprende quella standard NATO di metà anni ottanta (foto Aeritalia).

Prototypes two, three and four are doing formation flying, noteworthy second prototype camouflage, partly painted in NATO standard mid-eighties colors (photo Aeritalia).

A questi esemplari bisogna aggiungere una cellula costruita dell'Aeritalia e utilizzata per i test statici alla quale alcune fonti attribuiscono la MMX598.
Il primo biposto, di produzione Aeritalia, la MM55024, volò il 14 marzo 1990.
L'AMX è un caccia bombardiere monomotore monoposto ad ala alta con una inclinazione di 27,5° al 25% della corda alare. L'ala ha un profilo supercritico che permette un buon compromesso tra prestazioni a velocità subsonica e resistenza aerodinamica a velocità transonica, con la possibilità di utilizzare le ali per l'alloggiamento dei serbatoi di carburante. La necessità di avere stabilità di volo a bassa quota ha fatto sì che il carico alare sia elevato e che le ali siano dotate di slat anche sul bordo di attacco. Il sistema di controllo del rollio è ibrido, gli alettoni classici sono combinati con uno spoiler sulla superficie alare superiore, controllati da due computer, per funzionare in maniera indipendente, migliorando la stabilità; i due computer controllano anche il beccheggio e la loro azione combinata, indipendente da quella del pilota ed alle caratteristiche aerodinamiche, aumenta la stabilità nel volo a bassa quota dove si incontra più turbolenza.
L'aeroplano non è dotato di aerofreni tradizionali, ma utilizza gli spoiler alari per decelerare.
Per ridurre il più possibile la vulnerabilità, l'AMX fu dotato di un sistema di comandi in parte "fly by wire" per gli spolier, il timone di direzione ed il timone orizzontale, ed in parte idraulici per alettoni, equilibratori

Due interessanti immagini della catena di montaggio dell'AMX nello stabilimento Aeritalia di Torino Caselle. Nella foto in alto è in fase di assemblaggio il primo AMX di serie (entrambe le foto Aeritalia).

Torino-Caselle Aeritalia's plant assembly line images. Photo on the right shows the first series production aircraft (both photo Aeritalia).

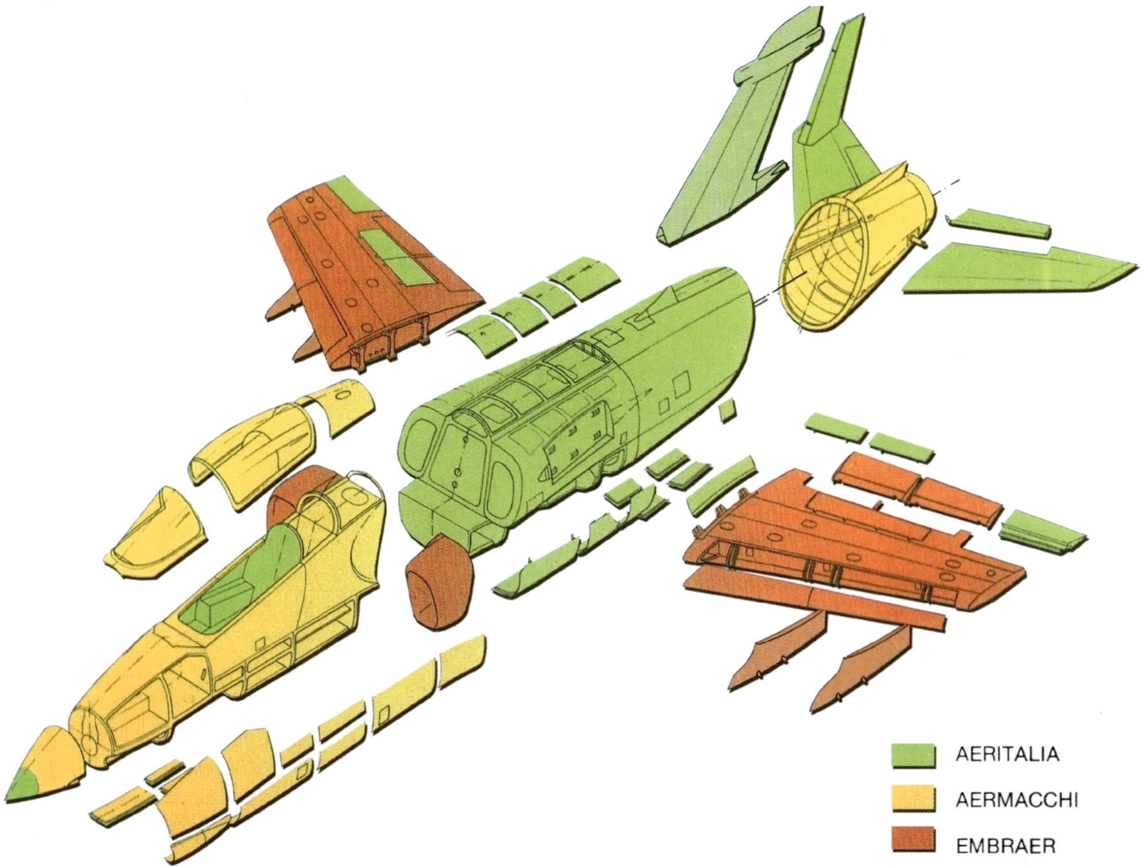

La divisione della produzione delle diverse parti dell'AMX tra Aeritalia, Aermacchi ed Embraer.

AMX's Aeritalia, Aermacchi and Embraer sub-assemblies production sharing quotes.

e timoni di profondità, entrambi collegati ad un computer comandi di volo realizzato da Aeritalia e GEC Avionics. Sempre con la medesima finalità, nella parte inferiore della fusoliera vennero installate le apparecchiature meno importanti, a protezione del pilota, di una parte del motore e dei serbatoi di carburante.

L'abitacolo è posto in posizione avanzata e rialzata, ed offre una buona visibilità anteriore e posteriore; il sedile eiettabile è un Martin Baker Mk.10L e funziona da quota zero ed a velocità zero. Il velivolo può essere pilotato secondo la tecnica HOTAS (Hands On Throttle And Stick - mani sulla manetta e sulla cloche) ed i principali dati del volo sono presentati sull'HUD (Head Up Display - schermo a testa alta).

La dotazione avionica comprendeva un sistema di navigazione inerziale Litton LN39, un radio altimetro, un TACAN, un SAHRS (Secondary Altitude and Heading Reference System - sistema altimetrico secondario) Lisa X; il sistema di controllo e rilascio degli armamenti collegava l'LN39 ad un radar di puntamento telemetrico della FIAR, derivato dall'israeliano ELTA EL/M-2001B, utilizzabile sia in modalità aria - terra che aria - aria e la protezione del velivolo era affidata ai sistemi di contromisure elettroniche attive ELT-553, il Radar Warning Receiver ELT-156X, combinati a lanciatori di "chaff" e "flares".

Come accennato in precedenza il motore scelto è stato il Rolls Royce RB-168 "Spey", un reattore ampiamente collaudato, nella versione Mk.807 in grado di offrire 5.007 kg di spinta statica senza postbruciatore, che rispondeva pienamente alle esigenze dell'Aeronautica Militare in fatto di consumi, basso segnale all'infrarosso, la necessità di una sezione frontale ridotta e costi di gestione relativamente bassi. Il periodo di tempo che intercorre tra una revisione e l'altra, infatti, è di 1.000 ore.

Lo "Spey" fu costruito, su licenza Rolls Royce, da un consorzio italo-brasiliano la cui azienda leader in Italia era la FIAT Aviazione che guidava un gruppo di produzione formato anche da Piaggio e Alfa Romeo, mentre in Brasile la azienda leader era la Companhia Eletro-Macanica (CELMA). La suddivisione del lavoro assegnava una quota del 33% alla FIAT Aviazione (che si occupava anche dell'assemblaggio finale), del 25% all'Alfa Romeo Avio, del 13% alla Piaggio mentre il restante 29% era stato assegnato alla CELMA.

L'armamento, oltre al già citato cannone M61A1 Vulcan, dotato di 400 colpi ed installato nella parte anteriore sinistra della fusoliera, è trasportabile agganciato a due piloni alle estremità alari, utilizzati per due missili AIM-9L Sidewinder, a quattro piloni subalari e uno sotto la fusoliera, in posizione centrale. I due piloni più esterni sono in grado di reggere carichi fino a 450 kg mentre quelli interni e quello di fusoliera arrivano a 900 kg; tutti i piloni sono "bagnati", cioè possono trasportare serbatoi supplementari di carburante. Nei

14th 1990 and was serialled MM55024. The AMX is a single-engine high-wing (MEDIUM) single-seater fighter-bomber; the wing has a sweep angle of 27.5 degrees at 25% of the chord. The wing posses a supercritical profile that allows a good compromise between performance at subsonic speed and aerodynamic drag at transonic speed, with the possibility of using the wings as fuel tanks. The stability's need for low altitude flight has meant that the wing loading is high and that the wings are also equipped with slats on the leading edge. The roll control system is an hybrid, classical ailerons are combined with spoilers on the upper wing surface, controlled by two computers, able to operate independently also improving stability; the two computers also control the pitch and their combined action, independent from pilot's input and aerodynamic characteristics, increase stability also where more turbulence is encountered, i.e. low level flight. The airplane is not equipped with traditional airbrakes, but uses the wing spoilers to decelerate. Cockpit is raised and located in forward position thus offering good front and rear visibility. The jump seat is the Martin Baker Mk.10L and may operate 0/0 (zero altitude and zero speed). The aircraft may be flown using the HOTAS (Hands On Throttle And Stick) technique and all flight parameters are presented on the HUD (Head Up Display). The avionic equipment includes an inertial navigation system Litton LN39, a radio altimeter, TACAN, a SAHRS (Secondary Altitude and Heading Reference System) Lisa X; weapons system connects the LN39 to telemetry radar, produced by FIAR and based on the Israeli's ELTA EL/M-2001B, offering both air-to-air and air-to-ground capabilities. The avionics includes active electronic countermeasures system ELT-553, Radar Warning Receiver ELT-156X, linked to "chaff" and "flares" dispensers. To minimize the vulnerability, the AMX was equipped partly with a "fly by wire" command system the spoilers, rudder and elevons; and partly hydraulic for ailerons, elevons and elevons' trims. Both were linked to a flight controls computer made by Aeritalia and GEC Avionics. Always with the same purpose of survivability, in the lower part of the fuselage less important equipment were installed, to protect the pilot, part of the engine and the fuel tanks. As previously mentioned, the engine chosen was the Rolls Royce RB-168 "Spey", a well proven jet, in the Mk.807 - dash offering 5,007 kg of static thrust without afterburner, which met the needs of the Air Force regarding consumption, low infrared signal, reduced front section and operating costs relatively

Uno degli adesivi che l'Aeritalia distribuiva alle manifestazioni aeree per pubblicizzare il nuovo aeroplano (collezione M. Rossi).

This sticker was given to general public during air shows to publicize the new aircraft (M. Rossi collection).

piloni interni si utilizzano anche attacchi tripli, negli esterni ed in fusoliera attacchi doppi.
Il carico bellico, fino ad un massimo di 3.800 kg, si è evoluto ed incrementato nel corso degli anni ed è rappresentato da tutte le bombe utilizzate dall'Aeronautica Militare: le Mk.82, Mk.83 e Mk.84, a caduta libera o dotate del kit per la guida laser GBU-16 "Paveway II" per le Mk.83, al quale si sono aggiunti il kit Lizard, a partire dal 2002, sviluppato dall'israeliana Elbit, ed il kit "Opher" per le Mk.82, che non richiede la presenza di un illuminatore laser; il velivolo è predisposto per l'impiego di missili aria-superficie di vario genere, anticarro, antiradiazione e antinave, sebbene mai utilizzati dall'Aeronautica Militare, e lanciarazzi.
Per effettuare le missioni di ricognizione veniva agganciato al pilone centrale in fusoliera il pod "Orpheus", ereditato dagli F-104G, oggi sostituito dal pod "RecceLite".
La versione biposto ha le stesse dimensioni e capacità operative del monoposto, ma con un'autonomia ridotta; lo spazio per sistemare il seggiolino posteriore, infatti,

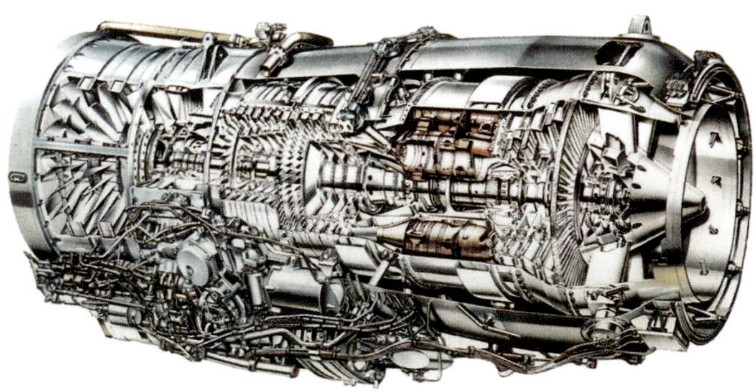

MOTORE ROLLS ROYCE RB 168-807 TURBOFAN

Lo spaccato del motore (disegno Aeritalia).

Engine cut-out (Aeritalia drawing).

low. The time between overhaul for the "Spey" is, in fact, 1,000 hours. The "Spey" was built under license from Rolls Royce, from an Italy-Brazilian consortium that was led in Italy by FIAT Aviazione, and comprising also Piaggio and Alfa Romeo, while in Brazil the leader was Companhia Eletro-Macanica (CELMA). The division of labor gave a 33% stake to FIAT Aviazione (who also took care of final assembly), 25% to Alfa Romeo Avio, 13% to Piaggio; the remaining 29% was assigned to CELMA. The armament, besides the already mentioned M-61A-1 "Vulcan" six-barrel gun, with 400 20mm ammunitions, installed in the front left of the fuselage, is carried on two wing tips pylons, used for two AIM-9L Sidewinder missile, four pylons under the wing and one pylon under the fuselage, in a central position. The two outer pylons are able to withstand loads up to 450 kg while the central fuselage and internal ones arrive to 900 kg; all pylons are "wet" meaning that they can carry additional tanks. Also, the internal pylons may carry TER (Triple Ejector Racket) while external ones are made for doubles carriers only. The payload, up to a maximum of 3,800 kg, has evolved and increased over the years and is represented by all the bombs used in the Air Force: the Mk.82, Mk.83 and Mk.84, free-fall or provided with the laser-guided GBU-16 "Paveway II" kit for the for the Mk.83; since 2002, the Lizard kit, developed in Israel from Elbit, is added to and the kit "Opher" for Mk .82, which does not require the presence of laser illuminator. The aircraft may carry air-to-surface weapons of various kinds, such as antitank, anti-radiation and anti-ship, although never used the Air Force, and rocket launchers. To carry out reconnaissance missions was hang to the central pylon the pod "Orpheus", inherited from the F-104G, now replaced by pod "RecceLite". The two-seater version has the same size and operational capabilities of the single-pilot, but with reduced endurance: the space to accommodate the back seat, in fact, was obtained by removing a fuel tank in the fuselage and air conditioning elements repositioning. During their operational life, the AMX had a steady and continuous development and integration of avionics; this long period of time meant that they were delivered in three separate batches, each with the equipment and systems available and tested at the time. Cockpit configuration also has undergone several modifications, its design being more related to avionics, while the airframe and the engine remained unchanged. The initial specifications dictated of the Air Force, called "Initial Operational

è stato ricavato eliminando uno dei serbatoi di carburante in fusoliera e riposizionando gli elementi dell'impianto di condizionamento.
Durante la vita operativa gli aeroplani hanno avuto un costante e continuo sviluppo e l'integrazione relativamente lunga dell'avionica di bordo fece sì che gli AMX venissero consegnati all'Aeronautica Militare in tre distinti lotti, ciascuno con gli apparati ed i sistemi disponibili e testati al momento. Anche la configurazione del cockpit ha subito diverse modiche, essendo la parte più legata all'avionica, mentre la cellula ed il propulsore sono rimasti invariati. Le specifiche iniziali dettate dall'Aeronautica Militare, denominate "Initial Operational Clearances", inoltre, erano dettagliate solo negli aspetti strutturali e della navigazione, tralasciando l'attacco, che dovette essere sviluppato nel corso degli anni. Il primo lotto, consegnato a partire dal 1988, comprendeva 19 monoposto e 2 biposto e fu seguito dal secondo lotto con 53 monoposto e 6 biposto e dal terzo lotto, completato nel febbraio 1998, con 38 monoposto e 18 biposto. Mentre il primo lotto rispondeva completamente alle "Initial Operational Clearances", solo con il terzo si raggiunsero le "Final Operational Clearances".

Due diverse versioni del patch, in stoffa ricamata, portato dai piloti e dagli specialisti dell'Aeronautica Militare.

Due diverse versioni del patch, in stoffa ricamata, portato dai piloti e dagli specialisti dell'Aeronautica Militare.

Clearances", moreover, were only detailed regarding structural features and navigation, leaving out the attack system, which had to be developed over the years. The first batch, delivered from 1988, included 19 single-seaters and two-seaters and was followed by the second batch with 53 single-seaters and 6 double-seaters, The third stage, was completed in February 1998, with 38 single-seaters and 18 two-seaters. While the first batch was fully corresponding to the "Initial Operational Clearances", only with the third one AMX reached the "Final Operational Clearances".

I principali profili di missione dell'AMX tratti da una brochure dell'Aeritalia.

AMX main mission profiles taken from Aeritalia brochure.

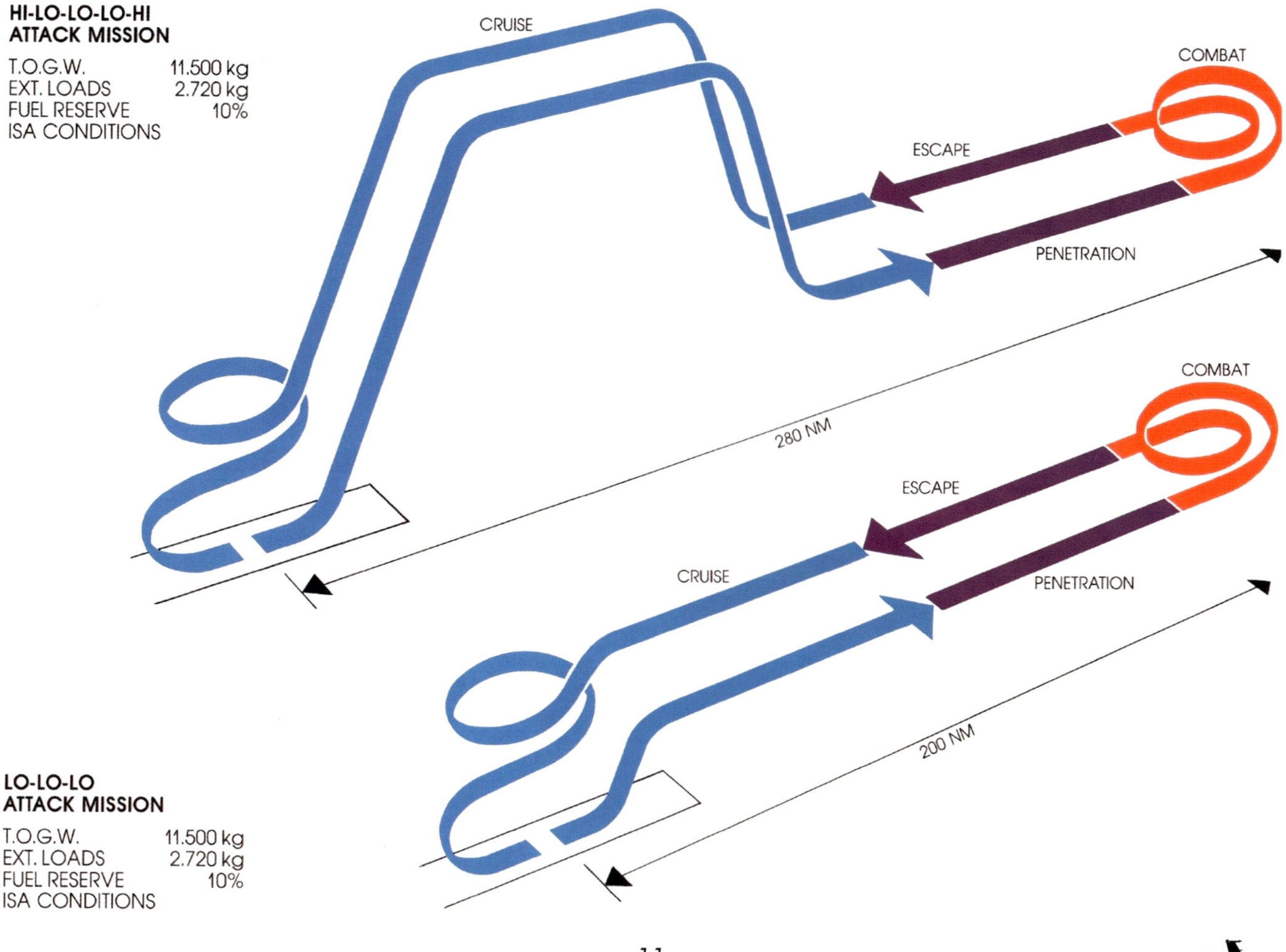

HI-LO-LO-LO-HI
ATTACK MISSION

T.O.G.W.	11.500 kg
EXT. LOADS	2.720 kg
FUEL RESERVE	10%
ISA CONDITIONS	

CRUISE
COMBAT
ESCAPE
PENETRATION
280 NM

COMBAT
ESCAPE
CRUISE
PENETRATION
200 NM

LO-LO-LO
ATTACK MISSION

T.O.G.W.	11.500 kg
EXT. LOADS	2.720 kg
FUEL RESERVE	10%
ISA CONDITIONS	

AMX ACOL

AMX ACOL

Per migliorare le prestazioni dell'AMX e ridurre i costi di gestione della flotta, permettendo all'aeroplano di rimanere in servizio in maniera efficace ed efficiente fino alla sua sostituzione con l'F-35, nel 2002 lo Stato Maggiore decise di aggiornare 42 monoposto e 10 biposto appartenenti al secondo e al terzo lotto allo standard ACOL (Adeguamento Capacità Operative e Logistiche) e di radiare i velivoli più vecchi, utilizzandoli per la cannibalizzazione dei pezzi di ricambio.

Il logo ideato dall'Alenia per contraddistinguere il prototipo dell'ACOL qua raffigurato con lo stemma dell'RSV.

Alenia made a new logo for the ACOL prototype here shown alongside Flying Test Wing badge.

In order to improve performance and reduce costs of the AMX fleet management, allowing the airplane to remain in service as an efficient and effective asset until its replacement with the F-35, in 2002 the ItAF General Staff decided to upgrade 42 single-seaters and 10 two-seater from second and third batch to ACOL (Adeguamento Capacità Operative e Logistiche - Operational and Logistics Capabilities Upgrade), writing-off the older frames, using them as a source of spare parts. The program showed significant collaboration between Air Force and industry, and through an Operational Technical Agreement (ATO) they agreed on a precise definition of tasks and roles within the program. The update provides updated avionics, with the installation of a satellite/inertial laser navigation system Northrop Grumman Italia LN-100G, a CSG (Computer Symbol Generator) made by SELEX Galileo with new TV/IR display for digital moving map with color LCD screen, new symbols for the HUD, new radio readied for SICRAL, a VOR / ILS Marconi ANV-141, a new IFF, digital clock, a back-up navigation and attitude system Lisa FGX, a crash recorder, all with the possibility of using light amplification by the pilot, who can wear now night vision goggles (NVG). Even the weaponry has been improved with the introduction of a new management software that supports the operations of the Israeli bombs Lizard, GBU-31/32 JDAM (Joint Direct Attack Munitions) and "Enhanced Paveway" II double guide laser / GPS. The mission data are loaded aboard aircraft computer, also recording flight parameters. Just before load release, the data is transferred to the bomb(s), so it can be dropped from very high or very low altitudes, diving,

Un ACOL ripreso sul piazzale dell'Alenia a Caselle Sud; notare che questo esemplare ha anche ricevuto la modifica strutturale al cassone alare.

This ACOL is taxiing an Caselle Sud Alenia's apron. This aircraft has also received the wing box strengthening modification.

Lo stesso velivolo, ripreso in atterraggio a Decimomannu, durante le prove di compatibilità e lancio delle bombe JDAM.

The same aircraft, landing in Decimomannu, during JDAM bombs compatibility and launching trials.

Il programma presentò la significativa collaborazione fra Forza Armata e industria che, mediante un ATO (Accordo Tecnico Operativo), concordarono una precisa definizione di attività, compiti e ruoli.

L'aggiornamento ha previsto un'avionica attualizzata con l'installazione di un sistema di navigazione inerziale e satellitare Laser Northrop Grumman Italia LN-100G, di un CSG (Computer Symbol Generator - Generatore di Simboli Computerizzato) della SELEX Galileo con nuovo display TV/IR con schermo LCD a colori con mappa mobile digitale, nuova simbologia per l'HUD, nuove radio predisposte per il SICRAL, un VOR/ILS Marconi ANV-141, un nuovo IFF, orologio digitale, un sistema di navigazione e assetto di riserva Lisa FGX, di un crash recorder, il tutto con la possibilità di utilizzare il sistema di amplificazione di luce da parte del pilota, che può indossare gli occhiali da visione notturna (NVG).

Anche l'armamento è stato migliorato con l'introduzione di un nuovo software di gestione in grado di supportare l'operatività delle bombe israeliane Lizard, delle GBU-31/32 JDAM (Joint Direct Attack Munitions) e le "Enhanced Paveway II" a doppia guida laser/GPS. I dati della missione sono caricati sul computer del velivolo, che registra anche i parametri del volo. Al momento dello sgancio, i dati sono trasferiti alla bomba che può essere rilasciata, da altitudini molto alte o molto basse, in picchiata, in cabrata o in volo livellato, con il velivolo fuori asse con il bersaglio e ingaggiando diversi obiettivi in un solo passaggio.

climbing or level flight, with the airplane out of line-of-sight to target, even engaging multiple targets in one pass. The reconnaissance pod for AMX ACOL, as we have already written, is the Israeli-made Rafael "Reccelite", equipped with FLIR system and a sensor that operates in the visible and infrared spectrum. The first ACOL single-seater prototype, the MM7189, changed to CSX.7189, where new letters mean "Experimental Certificate" flown first on September 30th, 2005 starting the operational testing during the month of November. The first two-seater, the MM55034, took the air on June 7th, 2006. The single and tandem, respectively, were used by Alenia-Aermacchi to develop their specific part of the refitting package. The program Operational Test & Evaluation (OT&E) was carried out in Decimomannu by the Air Force Flight Test Squadron, assisted by staff of 32° and 51° Stormo, and 3° Stormo RMV. On June 11th, 2007, ARMAEREO General Directorate Commission made the first test of the AMX ACOL, while the first aircraft to be equipped with full avionics made its maiden flight in Turin the same year on October 17th. The first unit to receive the AMX ACOL was 32 Wing, taking in charge MM7162 on August 2nd, 2007. At the present time, all the airframes chosen by the Air Force to be upgraded are now delivered.

Questo AMX ACOL ripreso in atterraggio a Caselle mostra che non è in carico attualmente a nessuna unità dell'A.M., infatti ha il gatto del 51° Stormo sulla coda, il 78 della MM (7178 in questo caso) alla sommità della deriva e porta i codici del 32° Stormo.

D landing in Caselle, this ACOL shows 51st Wing badge on tail, 78 on fin (representing the last two numbers of the MM – 7178 in this case) and wears 32nd Wing codes denoting that is currently not assigned to any Air Force unit.

Il pod per la ricognizione utilizzato dall'AMX ACOL è, come abbiamo già visto, l'israeliano Rafael "RecceLite", dotato di sistema FLIR e di un sensore che opera nello spettro visibile e infrarosso.

Il primo prototipo monoposto dell'ACOL, la MM7189, cambiata in CSX.7189, dove le nuove lettere significano "Certificato Sperimentale", ha volato il 30 settembre 2005 iniziando le prove di sperimentazione operativa a partire dal mese di novembre. Il primo biposto, la MM55034, ha compiuto il primo volo il 7 giugno 2006. Il mono ed il biposto sono stati utilizzati rispettivamente da Alenia e Aermacchi per sviluppare una specifica parte del pacchetto di modifiche. Il programma OT&E è stato svolto a Decimomannu dagli uomini del Reparto Sperimentale Volo coadiuvati da personale del 32° e 51° Stormo e del 3° Reparto Manutenzione Velivoli.

L'11 giugno 2007 la Commissione della Direzione Generale di ARMAEREO ha effettuato il collaudo del primo AMX ACOL, mentre il primo esemplare di serie con la dotazione avionica completa ha effettuato il primo volo a Torino Caselle il 17 ottobre dello stesso anno.

Il primo reparto dotato di AMX ACOL è stato il 32° Stormo che ricevette il primo esemplare, la MM7162, il 2 agosto 2007; ad oggi tutti i velivoli scelti per l'aggiornamento risultano consegnati all'Aeronautica Militare.

L' AMX ACOL MM7165 51-47 in rullaggio prima del decollo; la combinazione di volo arancio ad alta visibilità denota una missione sul mare.

F Taxiing just before take-off, AMX ACOL MM7165 51-47, its pilot is wearing the orange high-viz flying suit denoting a mission above the sea.

L'AMX ACOL 51-66 mostra alcuni interessanti particolari del muso, come la carenatura del cannone M-61A-1 "Vulcan"

E In this shot of AMX ACOL 51-66 shows some interesting nose details, as the M-61A-1 "Vulcan" cannon.

In servizio con l'Aeronautica Militare

In service with Italian Air Force

Il 1° settembre 1986, alle dipendenze dell'Ispettorato Logistico, fu costituito il primo reparto della Forza Armata specificatamente dedicato all'AMX: era il Nucleo Iniziale di Formazione AMX (NIF-AMX) a Treviso, incaricato dello studio e dello sviluppo delle procedure tecniche e logistiche e dell'addestramento del personale tecnico. Il 1° novembre 1987 dal disciolto NIF AMX venne formato il 3° Reparto Manutenzione Velivoli, sul medesimo aeroporto di Treviso, che avrebbe ricevuto l'incarico di effettuare i lavori di manutenzione di terzo livello tecnico sull'intera flotta di AMX, continuando ad addestrare gli specialisti.

Il primo AMX di produzione, MM7089 (NC0001), decollò dalla pista di Torino Caselle a maggio 1988 e completò, entro il mese di dicembre, i test di accettazione da parte dell'Aeronautica Militare. Quest'ultima, per rimediare alle carenze contenute nelle specifiche, fin dall'inizio del programma di sperimentazione, ebbe sempre un ruolo attivo di collaborazione con l'industria ed i piloti del Reparto Sperimentale Volo avevano iniziato a volare con l'AMX già dal mese di marzo 1986. La consegna ufficiale del primo velivolo all'RSV, e quindi all'Aeronautica Militare, avvenne il 29 maggio 1989, il velivolo MM7091 (NC0003) fu preso in carico dal 311° Gruppo.

Per introdurre in linea il nuovo aeroplano il 1° gennaio 1988 era stata costituita sull'aeroporto di Istrana la Sezione Addestramento e Standardizzazione AMX (SAS-AMX); lo scopo di questa unità, che aveva in carico alcuni esemplari di G.91R e G.91T, era preparare, grazie al contributo di alcuni piloti esperti che lavora-

On September 1st 1986, depending from Logistics Inspectorate was established the first Air Force Department specifically dedicated to the forthcoming plane: Treviso-based Initial Training Unit AMX, in charge of the study and development of techniques and logistics procedures and training for technical personnel. On November

Davanti allo shelter dove sarà ricoverato a fine attività, la MM7192, attende il pilota, il cui casco è visibile appoggiato al serbatoio supplementare alare destro - vedi sopra, per la prossima missione sui cieli dell'Italia del Nord.

AMX MM7192 waits its pilot, his helmet placed on right wing auxiliary tank (see above) for next mission above northern Italian skies.

Un AMX, da poco consegnato al 2° Stormo, è trainato al Centro Manutenzione per alcune verifiche di routine.

A recently delivered AMX is pulled to 2nd Wing Maintenance Center for some routinely checks.

vano in coordinamento con i colleghi dell'RSV, le procedure e le operazioni che avrebbero dovuto seguire i primi piloti assegnati al nuovo velivolo e che all'inizio non avrebbero avuto a disposizione, per il passaggio macchina, una versione biposto. Il ruolo della SAS-AMX continuò fino alla creazione di un apposito gruppo dedicato alla conversione operativa.

1st 1987 by the dissolved N.I.F. AMX was formed on 3° RMV (Aircraft Maintenance Department), on the same airport of Treviso, who had been commissioned to carry out third technical level maintenance work on the entire fleet, continuing to train specialists. The first production AMX, MM7089 (NC0001), took off from

Interessante fotografia della MM7135, codici 2-03, che pur senza insegne di Gruppo, ha sulla deriva il famoso "Cavaliere di Breus", stemma distintivo di Stormo dipinto a colori vivi e non in grigio scuro come usuale.

MM7135 coded 2-03, carrying, albeit without Squadron insignia, the famous Wing insignia "Cavaliere di Breus", brightly colored instead of the usual gray.

Insolita inquadratura da cui si può apprezzare l'estensione dei flap e degli slat tipici del velivolo a terra. (foto F. Grattoni).

In this unusual shot flaps and slats ground configuration extension is clearly shown (photo F. Grattoni).

A ottobre del 1989 iniziò il 1° Corso Pre-volo a beneficio dei piloti del 103° Gruppo, che volavano precedentemente sui G.91R, passato il 1° gennaio 1989 alle dipendenze del 51° Stormo e trasferito da Treviso Sant'Angelo ad Istrana; il 24 settembre 1990 giunse ad Istrana il primo AMX del Gruppo, che divenne così il primo reparto operativo dell'Aeronautica Militare ad essere equipaggiato con il caccia bombardiere italo-brasiliano.
Uno degli aspetti che mostrano lo strano atteggiamento dello Stato Maggiore per il velivolo è la mancanza di attribuzione di un nome ufficiale da assegnare all'AMX. Solo nel 1998, in occasione del settantacinquesimo anniversario della fondazione dell'Aeronautica Militare, venne indetto un concorso con queste finalità, e vincitore risultò essere "Ghibli", il vento del deserto, nome già utilizzato dal Caproni Ca.309 negli anni Trenta; tra il personale dell'Aeronautica, però, questo nome non è mai stato molto popolare e l'aeroplano era chiamato più spesso "Topone", nomignolo derivato dalla vista frontale dell'AMX che, con il radome nero e le prese d'aria laterali, poteva ricordare il muso di un topo.
Ufficialmente, la direttiva SMA-LOG-006-1, assegna all'aeromobile AMX la sigla A-11A come MDS (Mission Design Series) a la sigla TA-11A all'AMX-T

Turin runway in May 1988 and completed within the month of December the Air Force acceptance tests. Air Force, to remedy the deficiencies contained in the specifications, since the beginning of the testing program had an active collaboration with industry and the pilots of the Air Force Flight Test Squadron (Reparto Sperimentale Volo), that started to fly with the AMX in March 1986. The first aircraft official handover to RSV, then the Air Force, took place May 29, 1989. The aircraft being MM7091 (NC0003) was taken over by the 311th Squadron. On January 1st 1988, to introduce the new craft in active service was established in Istrana AMX Standardization and Training Section (SAS-AMX). The aim of this unit, which had in charge some FIAT G.91R and G.91T, with the help of some experienced pilots working in coordination with RSV colleagues RSV, was preparing procedures and operations to follow from the first pilots assigned to the new aircraft and that wouldn't be able to fly with the double-seaters. SAS-AMX continued in this role until the end of 1993, when it was created the dedicated team for operational conversion. 1st Course Pre-flight began in October of 1989 for

Il velivolo codici 2-07 su un raccordo della base di Rivolto.

2-07 aircraft rolling on Rivolto's beltway.

Nel corso del 2001 gli AMX parteciparono a Goose Bay, in Canada, all'AMA (Allied Military Activity), per l'occasione sul dielettrico della deriva fu dipinta una foglia d'acero rossa, simbolo di quella nazione.

During 2001, AMX flown to Goose Bay, Canada, to partecipate to Allied Military Activity; in this occasion a red maple flag was painted on fin.

Da sinistra a destra: il patch in plastica incisa del 2° Stormo con il tipico Cavaliere Breus, quello in stoffa ricamata con l'"Aerobrigante" del 14° Gruppo e quello in plastica incisa della SAS AMX.

From left: a plastic-rubber made patch of the 2° Stormo, the embroifered patch of 14° Gruppo and the palstic-rubber made patch of the SAS AMX.

Gli AMX del 2° Stormo furono più volte impiegati oltreoceano, qui la MM7178 ripresa in Canada al traino di un trattore immediatamente dopo la conclusione della trasvolata atlantica nel 2000.

2nd Wing AMX were often displaced overseas. A tractor is pulling MM7178 just after having been landed in Canada after Atlantic crossing in 2000.

Un AMX armato di quattro bombe Mk.82 ripreso in volo sul tipico paesaggio degli Emirati Arabi Uniti durante l'esercitazione Arabian Stallion che si tenne nel 2003. (foto AM).

An AMX loaded with four Mk.82 overflying the UAE typical landscape during 2003 exercise "Arabian Stallion" (photo It.AF).

La MM7151 in linea di volo del 14° Gruppo con il generatore collegato (foto S. Morari).

MM7151 with ground generator connected on 14th Squadron flight line (photo S. Morari).

Ripreso il 1° luglio 1991 sull'aeroporto di Villafranca, l'AMX MM7117, codici 3-05 mostra i simboli distintivi del reparto di appartenenza: in coda i quattro gatti del 3° Stormo ed il cognome di Carlo Emanuele Buscaglia, l'asso degli aerosiluranti italiani durante la seconda Guerra Mondiale al quale lo Stormo era dedicato; sulla presa d'aria il mondo percorso ancora dai quattro gatti del 132° Gruppo.

In this picture taken on July 1st 1991 in Villafranca, MM7117 3-05 shows its belonging to "four cats" 3rd Wing and WW II torpedo plane ace Carlo Emanuele Buscaglia, whom unit bears the name, the four cats of 132nd Sq. on the intake.

Due AMX del 3° Stormo durante una sessione addestrativa sulle Alpi; i ruoli si sono invertiti e, questa volta, i "cercatori di immagini" sono diventati il soggetto da fotografare (foto AM).

In this picture taken during a traing flight above Italian alps, the recce plane became the target for photographers(photo ItAF).

the benefit of 103 Squadron pilots, which flew the G.91R, transitioned January 1st 1989 to 51st Wing and moved from Treviso to Istrana. September, 24th, 1990 was the day that the first AMX landed and was assigned to Istrana Wing, becoming the first Air Force operational wing to be equipped with the Italian-Brazilian fighter bomber. The strange attitude of the General Staff for the aircraft showed for the aircraft is the lack of allocation of official name to be assigned to AMX. Only in the mid-Nineties there was a competition with these purposes, and the winner name turned out to be "Ghibli", the desert wind, as already used by Caproni Ca.309 during last century thirties. Officially, the SMA-LOG-006-1 document, assigns the symbol A-11A to AMX aircraft as MDS (Mission Design Series) for single-seater and to the symbol TA-11A for AMX-T. Between Air Force personnel, however, the name has never been very popular and the airplane was more often called "rat", a nickname derived from the front view that AMX, with black radome and side air intakes, could remember a mouse's face. In September 1990 began the transition of the 132nd Squadron, 3rd Wing in Villafranca, which had as its main role reconnaissance and secondarily tactical support. The aircraft were fitted with the "Orpheus" photographic pod already used by Wing's F-104G; the AMX was able to perform

Nonostante gli AMX possano accendere autonomamente il propulsore mediante l'utilizzo dell'"auxiliary power unit", per questa operazione molto spesso sono utilizzati un generatore di energia elettrica ed un compressore di aria esterni, molti dei quali eredi dell'epoca dell'F-104.

Albeit AMX may start the engine using its built-in APU, for this operation are often used external electric and compressed air generators, inherited from F-104 era

Il patch in plastica del 3° Stormo il cui emblema, i quattro gatti, ricorda il ridotto numero di personale e di mezzi disponibile durante la seconda Guerra Mondiale, i colori bianco e nero simboleggiano la possibilità di operare di giorno e di notte.
Il patch in stoffa ricamata del 28° Gruppo, lo stemma della strega Nocciola è stato adottato nel 1965 e deriva dal nominativo radio utilizzato dal gruppo.

Plastic-rubber made patch of the 3° Stormo, the famous 4 cats emblem indicates the shortage of men and materiel during WWII, the withe and black colors indicates the possibility to operate by day and by night. The witch emblem of the 28° Gruppo was adopted in 1965 and derives from the Gruppo's radio call sign.

In un'apposita area dell'aeroporto di Villafranca venivano effettuate le prove dei motori: le prese d'aria dei velivoli erano coperte da griglie per evitare fatali ingestioni di oggetti estranei e l'AMX era saldamente ancorato al suolo .

There was a designated area for engine start-up in Villafranca airport; air intake was covered with FOD grid to avoid fatal foreign bodies ingestion and the airplanes were firmly hooked to ground.

Nel settembre 1990 iniziò la transizione il 132° Gruppo del 3° Stormo di Villafranca, che aveva come ruolo principale la ricognizione e secondario l'appoggio tattico. I velivoli montavano il pod fotografico "Orpheus", già impiegato dallo Stormo con gli F-104G; rispetto gli "Starfighter", l'AMX riusciva ad ottenere migliori risultati grazie alla maggiore stabilità a bassa quota, le virate più strette e la minore velocità di sorvolo.
Il 9 luglio 1991 fu la volta del 14° Gruppo del 2° Stormo ricevere il primo AMX, sostituendo i G.91R. Il reparto avrebbe operato da Istrana, fino al trasferimento a Rivolto il 15 dicembre 1993.
Tra giugno e luglio 1991 ebbe luogo un rischieramento a Decimomannu, da parte di uomini e mezzi del 103° Gruppo, per usufruire dei poligoni e delle strutture addestrative della Sardegna, il primo di una lunga ed incessante serie, che continua ancor oggi, costituendo un momento fondamentale per la preparazione di ogni pilota.
A causa di un incidente di volo ad un esemplare del 132° Gruppo, causato da problemi al propulsore, il secondo dopo che un altro esemplare del 103° era già stato perduto nel 1990 sempre per le stesse cause, l'intera flotta di velivoli venne messa a terra per quattro mesi a partire dal febbraio 1992 in attesa dei risultati delle inchieste e degli eventuali interventi sull'aeroplano per migliorarne la sicurezza. Questi si concretizzarono con la modifica ad alcune palette della turbina dello "Spey". Ogni esercitazione nazionale ed internazionale, a cominciare dai primi anni Novanta, ha visto come protagonisti, tra gli altri mezzi, gli AMX, che hanno sempre

better than the "Starfighters", due to greater stability at low altitude, tighter turns and slower overflight speed. On July 9th, 1991 was the turn of the 14th Squadron, 2nd Wing to receive the first AMX, replacing ageing G.91R. Squadron would operate from Istrana, until was moved to Rivolto on December 15th, 1993. Between June and July 1991 took place a redeployment to Decimomannu, for both men and machines of 103rd Squadron, to take advantage of Sardinia's polygon structures and training; the first of a long and continuous series, still up today, creating a substantial moment for pilot's readiness. Since then, there weren't any national and international exercises in which Air Force has participated without the AMX. Because of a 132nd Squadron plane crash, caused by engine problems, the second after another example of 103rd was already lost in 1990, still for the same reasons, the entire fleet of aircrafts was grounded for four months from February 1992, pending the investigation results and possible interventions to improve airplane safety. These took form in modification to some of the "Spey" turbine blades. Each national and international air exercise, beginning in the first nineties, has had starring, among other assets, the AMX, which have always accomplish their duty very well, also being preferred, in some types of missions, to the most powerful "Tornado". On January 3rd, 1993 began the important exercise "Arabian Stallion", which saw ten AMX from the

L'AMX MM7096, codici 3-37, ripreso il 22 settembre 1993, era allora in carico al 28° Gruppo, come evidenziato dalla strega sulla presa d'aria, il distintivo del Reparto, e dal codice individuale superiore a 30. Al 132° Gruppo era assegnata la numerazione da 1 a 29.

AMX MM7096 coded 3-37, in this picture taken on Sept. 22nd 1993, was in charge to 28th Sq. as the "witch" on the intake shows up and the individual number superior to 30. 132nd Sq. wore the codes from 1 to 29.

Durante un volo di addestramento alle difficili missioni di ricognizione, che vengono sempre effettuate da un solo velivolo (foto L. Caliaro).

Flying alone during a difficult recce training mission (photo L. Caliaro).

Fino al 1997, la missione principale del 28° Gruppo è stata l'appoggio tattico e quella secondaria la ricognizione e in questa immagine del 1995 l'AMX MM7128, codici 3-30, del 28° è armato con bombe da esercitazione. Successivamente, i due ruoli sono diventati paritari in entrambi i Gruppi del 3° Stormo.

Until 1997 28th Sq. main mission was CAS and secondarly, tactical reconaissance; in this 1995 image, AMX MM7128 coded 3-30 is loaded with training loads. Subsequently, the two roles were equally performed from both Groups.

La MM7122 decorata con i colori ed i motivi del 28° Gruppo, il personaggio di Walt Disney della strega Nocciola con la sua scopa, in occasione del raduno del personale del Gruppo il 9 settembre 1995.

28th Sq. MM7122, happily decorated with Disney's characters "Hazel Witch" with its swipe, in this picture taken during an ex-crews and personnel gathering on September 9th 1995.

La MM7134, codici 3-01, del 132° Gruppo equipaggiato con il pod fotografico "Orpheus". Interessante la "zippata" con Il numero 53 visibile immediatamente dietro l'abitacolo, ricordo di una visita di un reparto inglese a Villafranca.

132nd Sq. AMX MM7134 coded 31-01 carrying "Orpheus" recce pod. An English units "zapped" the aircraft with the number 53 just behind the cockpit.

Nella sala motori del Centro Manutenzione del 3° Stormo un motore Spey RB.168 montato in posizione verticale sull'apposito supporto mobile per facilitare le verifiche ed i controlli da parte del personale tecnico ogni 125 ore di funzionamento.

In 3rd Wing Maintenance Center engine room a RB.168 Spey is vertically mounted on its stand to improve checks accessibility on its stand , every 125 functioning hours.

Gli AMX furono progettati per rendere il più semplice possibile il lavoro degli specialisti a terra. Lo smontaggio in un'unica soluzione dell'intera parte posteriore della fusoliera consente di rimuovere facilmente il motore.

AMX was thought from the start for maintenance easiness by ground crews. Dismantling the entire tail section would allow for easy engine removal.

Classica immagine operativa di un AMX del 3° Stormo con agganciato alla fusoliera il pod per la ricognizione "Orpheus".

Classical 3rd Wing AMX shot carrying the "Orpheus" recce pod.

Tra le motivazioni che hanno portato allo scioglimento del 3° Stormo vi furono l'aumento del traffico civile dell'aeroporto "Valerio Catullo" di Verona, sul medesimo sedime di Villafranca, e della vicinanza alla zona militare di numerose abitazioni civili, come ben evidenziato da questa immagine.

Many reason determined 3rd Wing closure; increasing civil traffic at Verona "Valerio Catullo" airport and excessive closeness to housings, as well shown in this image.

Ripreso sulla base di Verona Villafranca l'AMX-T, codici 3-55, MM55029, in carico al 28° Gruppo del 3° Stormo.

Photographed at Verona Villafranca the AMX-T, 3-55, MM55029, bearing the insigna of 28th Squadron, 3rd Wing.

Dopo ogni missione, i velivoli venivano riforniti dai carburantisti del 403° Gruppo Servizio Tecnico Operativo (Gruppo STO).

After each mission, planes are refilled by the crews belonging to 403rd Technical Service Squadron.

Un "Ghibli" in atterraggio a Decimomannu (Sardegna) con agganciati sotto le ali i soli serbatoi ausiliari capaci di contenere 580 l di carburante ciascuno (foto L. Caliaro).

A "Ghibli" lands at Decimomannu (Sardinia) while carrying only the auxiliary fuel tanks capable of holding 580 liters of fuel each (photo L. Caliaro).

molto ben figurato venendo anche preferiti, in alcuni tipi di missioni, ai più potenti "Tornado". Il 3 gennaio 1993 iniziò l'importante esercitazione "Arabian Stallion", che vide impegnati dieci AMX appartenenti ai tre Gruppi che lo avevano allora in dotazione, negli Emirati Arabi Uniti, ad Al Dhafra. Durante i quasi due mesi di permanenza nel territorio arabo, gli AMX effettuarono 431 sortite per 750 ore volate.

Sempre nel 1993 iniziò la conversione il 28° Gruppo del 3° Stormo, che aveva, contrariamente al 132°, come missione primaria l'attacco al suolo e come missione secondaria la ricognizione; l'11 giugno 1993 il reparto ricevette il primo AMX.

Nel novembre 1994 anche il 13° Gruppo del 32° Stormo, basato ad Amendola, prese in carico gli AMX, radiando i G.91Y. L'aeroporto pugliese sarebbe diventato anche la sede del reparto da addestramento del velivolo. Il Gruppo designato avrebbe dovuto essere il 201°, già basato ad Amendola ed inquadrato nella 60ª Brigata Aerea, allora equipaggiata con i G.91T, ma il 31 luglio 1995 venne ricostituito, nell'ambito del 32° Stormo, il 101° Gruppo chiamato a svolgere il ruolo di Operational Conversion Unit (abbreviato in OCU). Nel reparto confluirono i piloti del 201° Gruppo, sciolto nella stessa data, mentre non è chiaro se uno o più AMX siano mai stati ufficialmente in carico al 201°; in ogni caso non si videro mai velivoli con le insegne del 201° Gruppo ed il personale si addestrò a Rivolto presso il 14° Gruppo.

In conseguenza al ruolo prevalentemente addestrativo il 101° Gruppo avrebbe ricevuto un numero più elevato di AMX-T, gli esemplari biposto, rispetto ai monoposto.

three groups flown to Al Dhafra, UAE. During the stay in Arab territory, for nearly two month, the AMX took part in 431 sorties for 750 flight hours. Also in 1993 28th Squadron, 3rd Wing began converting to the new type. Opposite to 132nd Sq., 28th had, ground attack as a primary mission and reconnaissance as complementary, receiving the first machine on June 11th, 1993. In November 1994, the 13th Sq., 32nd Wing based in Amendola took also in charge the AMX, thus radiating the G-91Y. The Apulian airport would become the seat for aircraft training department. The Squadron allotted for this unit should be the 201st, then equipped with the G.91T and based in Amendola within 60th Air Brigade. But, on July 31st 1995 101st Squadron was reconstituted as part of 32nd Wing and became the Operational Conversion Unit (OCU). The squadron merged with pilots of 201st Sq., disbanded the same day, while it is not clear whether one or more AMX were officially in charge at 201° albeit no one ever wore Squadron insignia; staff was trained at Rivolto-based 14th Squadron. As a result, being the role the 101st Sq mainly training, it would receive a higher number of AMX-T trainer, compared to single-pilot ones. The AMX courses include six to eight pilots and take about two months for the theoretical part and six months for the flight for a total of about 100 hours. The first part of the course is devoted to the conversion and continues with a few missions low level missions flown by pairs. Then trainees go on to formation

Gli AMX sono stati i primi velivoli dell'Aeronautica Militare ad adottare, fin dall'inizio del loro servizio, la colorazione monocromatica Grigio Cielo n. 16, secondo la direttiva S.M.A. 202 del 1991. I codici individuali e i distintivi di Stormo, il falco del 32° e di Gruppo, il Don Chisciotte e la bocca di squalo del 13°, sono in colore nero con la raffigurazione del solo profilo (foto S. Bottaro).

The AMX was the first Air Force aircraft to be painted, since the beginning of its service, in monochromatic color Grigio Cielo n. 16 (Air Superiority Gray FS36280), according to the S.M.A. 202, 1991 prescription. All 13th Squadron and 32nd Wing heraldry, shark mouth, Don Quixote and Wing eagle are in simple black outline (photo S. Bottaro).

Ad istrana nel 2006, sulla MM7174, fu valutato in via sperimentale uno schema mimetico per le operazioni su territori innevati, consisteva in chiazze di vernice bianca lavabile su tutta la fusoliera e le ali dipinte. L'idea non ebbe seguito e lo schema proposto non fu adottato. In seguito, quell'AMX fu trasferito al 13° Gruppo, dove ricevette i codici 32-27, e così è stato fotografato sull'aeroporto di Decimomannu in occasione della Spring Flag 2006 (foto S. Morari).

In 2006, the Istrana-based MM7174, was evaluated in experimental camouflage scheme for snow-covered operations, consisting of patches of white paint wash over the entire fuselage and wing. The idea was not followed and the proposed scheme was not adopted. Later, that AMX was transferred to 13th Squadron, receiving codes 32-27, and was than photographed in Decimomannu during exercise Spring Flag 2006 (photo S. Morari).

Sugli AMX che presero parte, nell'agosto 2001, all'Allied Military Activity sull'aeroporto canadese di Goose Bay, tra i quali la MM7194, codici 32-07, fu dipinta una foglia d'acero rossa con il numero individuale dell'aeroplano sulla sommità del timone di coda.

AMX who took part in August 2001 to Allied Military Activity held in Goose Bay, including the MM7194, codes 32-07, were painted with a red maple leaf carrying airplane individual number on fin top.

Gli emblemi distintivi dei velivoli del 101° Gruppo sono la saetta nera in fusoliera, sebbene il colore originale sia il rosso, ed il motivo a scacchi sulla deriva.

Distinctive emblems of 101st Squadron aircrafts are the black arrow on fuselage (although the original color is red) and the checkerboard pattern on the fin.

Come ogni reparto dell'Aeronautica Militare con compiti addestrativi, il 101° Gruppo ha un' attività piuttosto intensa, in concomitanza dei corsi per formare i futuri piloti di AMX e vengono volate diverse missioni ogni giorno.

Like each Air Force unit carrying instructional tasks, 101st Sq. has a pretty intense activity, in combination of courses to train future pilots and AMX flown several missions every day.

Affiancati accanto l'aerocisterna KC-130J dell'Aeronautica Militare due "Ghibli" attendono il loro turno per rifornirsi di carburante in volo (foto M. Rossi).

Flanked alongside KC-130J Air Force tanker two "Ghibli" wait their turn for in-flight refuelling (photo M. Rossi).

I corsi sull'AMX coinvolgono da sei a otto piloti e durano circa due mesi per la parte teorica e sei mesi per quella pratica, con circa 100 ore di volo. La prima parte del corso è dedicata al passaggio macchina e prosegue con alcune missioni a bassa quota in coppia. Quindi si passa a missioni in formazione a bassa e media quota integrate da missioni di combattimento basico aria-aria e da almeno un volo "cross-country" fuori dal territorio nazionale. L'ultima parte del corso consente all'allievo di partecipare ad una mini COMAO (Combined Air Operation - operazione aerea combinata) di quattro velivoli, con rifornimento in volo, insieme a velivoli di altri gruppi. Due o tre settimane sulla base sarda di Decimomannu addestrano allo sparo con il cannone ed

training missions at low and medium level, combat missions supplemented by basic air-to-air and at least one "cross-country" flight outside boundaries. The last part of the course allows the student to participate in a mini COMAO (Combined Air Operations), using four aircraft, with aerial refueling, and the participation of other squadrons. Two or three weeks at Decimomannu are devoted to cannon training and inert bombs delivery. At the end, pilots receive the qualification of LCR - Limited Combat Readiness. Obviously, to train pilots instructors are needed; access to this course requires at least 600 hours of flight on AMX, flight leader status and three to four years of

La MM7105 ha ricevuto, successivamente al 1996, i codici individuali 32-20, ma, mantenendo i medesimi elementi decorativi del Gruppo, viene sempre utilizzata, come in questo caso nel settembre 1998, come aeroplano rappresentativo del Reparto in occasione di eventi pubblici sull'aeroporto di Amendola.

MM7105 has received, after 1996, the individual codes 32-20, but keeping the same decorative elements is always used as group representative, in this case in September 1998, for a public event at Amendola airport.

Il patch in plastica del 32° Stormo e quelli in stoffa dei suoi due Gruppi di volo, il 13° ed il 101°.

32nd Wing's rubber-plastic made patch and the two embroidered ones of its two flying units: the 13rd and the 101st Squadrons.

al lancio di bombe inerti. Al termine, i piloti ricevono la qualifica di Prontezza al Combattimento Limitata (LCR - Limited Combat Readiness).

Il corso istruttori ha luogo sempre presso il 101° Gruppo e dura circa tre mesi, con novanta ore di lezioni teoriche e una trentina di ore di volo, compreso il passaggio al pilotaggio dal posto posteriore dell'AMX-T. Per accedervi i piloti devono avere almeno 600 ore di volo sull'AMX, la qualifica di capo coppia e dai tre ai quattro anni di servizio presso un gruppo operativo.

Nel 1996 la flotta degli AMX subì nuovamente un fermo macchia per nuovi problemi riscontrati al reattore, con l'attività di volo sospesa dopo la perdita di un velivolo, il settimo dall'ingresso in servizio del "Ghibli". Va sottolineato, tuttavia, che il rateo di perdite rispetto alle ore volate, è in linea con gli altri aeroplani in carico alla Forza Armata.

service within an operational squadron. Instructors' course always takes place at 101st Sq. and lasts about three months, with ninety hours of lecture and thirty hours of flight, including the transition to AMX's back-seat flying. In 1996 the fleet of AMX was again grounded, due to new problems arisen to the jet engine. Flight operations were suspended after the loss of an aircraft, the seventh from the entrance in service of the "Ghibli". It should be emphasized, however, that the rate of loss, compared to the flight hours, is in line with the other planes in charge of the Air Force. In May 1998, six AMX for the first time crossed the Atlantic Ocean, with the support of 14th Wing Boeing B-707 tankers, to take part in the important international exercise "Maple Flag", based in Cold Lake Canadian Armed Forces

Una perfetta vista superiore di un AMX in volo permette di ammirare le linee classiche e pulite del velivolo. Da notare il singolo AIM-9L "Sidewinder" agganciato all'estremità dell'ala sinistra (foto L. Caliaro).

A perfect upper view allows to appreciate AMX' design classical lines and cleanliness. Note the single AIM-9L "Sidewinder" on left wing rail (photo L. Caliaro).

AMX, MM7097, codici 51-35, in carico al 103° Gruppo del 51° Stormo. Questo velivolo è uno dei primi esemplari consegnati all'Aeronautica Militare nel novembre 1989, sull'Aeroporto di Istrana.

AMX, MM7097, coded 51-35, 103rd Squadron, 51st Wing. This aircraft was one of the first out from production line and was delivered to Italian Air Force in November 1989 at Istrana airport.

AMX, MM7118, codici 2-11, in carico al 14° Gruppo del 2° Stormo, muso e slats colorati in nero, aeroporto di Rivolto, anno 1998.

AMX, MM7118, coded 2-11, 2nd Wing 14th Squadron, black painted nose and slats are noteworthy, Rivolto ItAFB, year 1998.

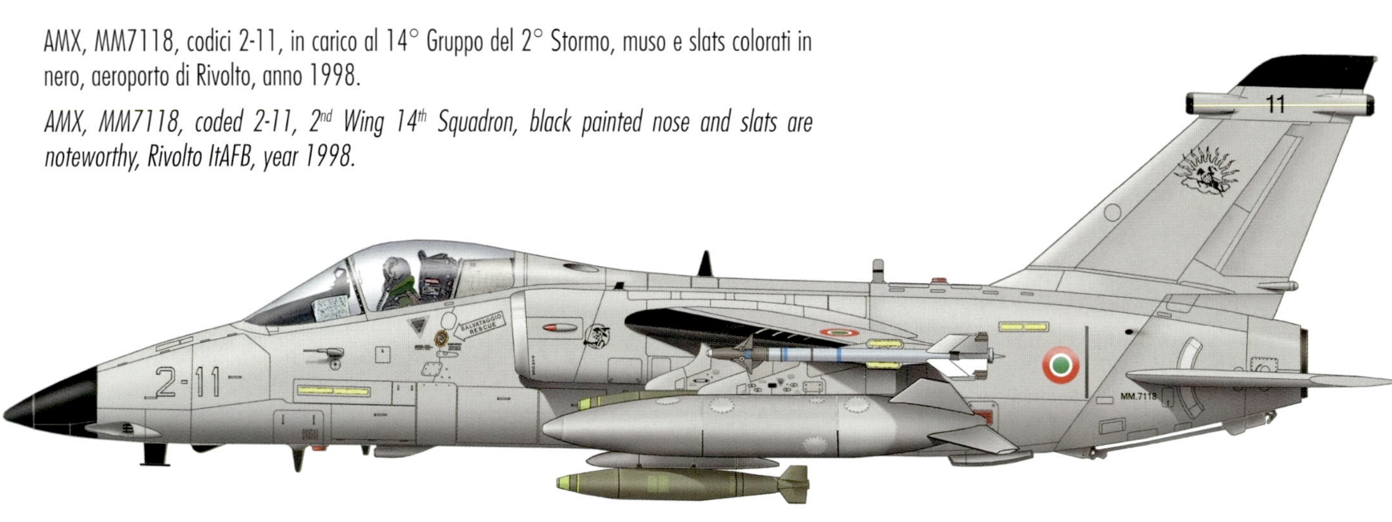

AMX, MM7152, codici 3-52, in carico al 28° Gruppo del 3° Stormo, con pod "Orpheus" da ricognizione, aeroporto di Verona - Villafranca, anno 1996.

AMX, MM7152, coded 3-52, 3rd Wing 28th Squadron, carrying recce pod "Orpheus", Verona - Villafranca ItAFB, year 1996.

AMX, codici 32-27, MM7174 con le insegne del 32° Stormo e i codici utilizzati dal 13° gruppo ,aeroporto Decimomannu 2006 , unico esemplare con la mimetica sperimentale "artica" adottata quando l'aereo era in carico al 51° Stormo, aeroporto di Amendola, 2006 (vedi pagina 28).

AMX coded 32-27, MM7174, 13th Squadron, 32nd Wing, Decimomannu airport 2006. This aircraft is painted with a one-off "arctic" camouflage scheme tested when it was in charge to 51st Wing, Istrana ItAFB, year 2006 (see page 28).

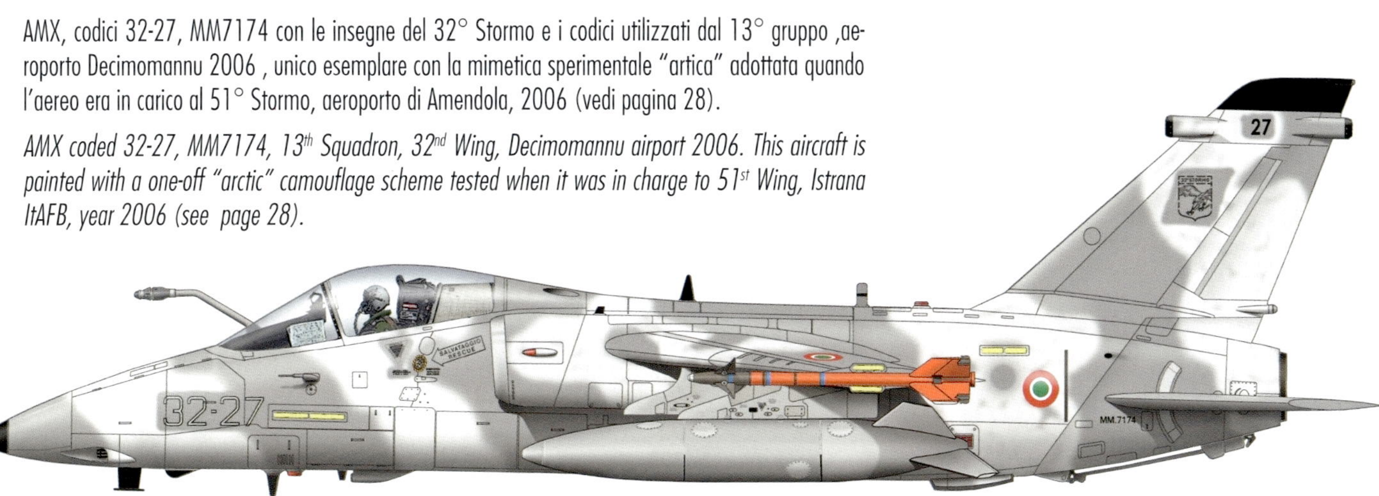

AMX-T, codici 32-53, MM55049, con le insegne del 101° Gruppo Operational Convertion Unit (OCU) del 32° Stormo, aeroporto di Amendola, 2007 (vedi pagina 38).

AMX-T coded 32-53, MM55049, 32nd Wing 101st Sq. - Operational Conversion Unit, Amendola ItAFB (see page 38).

AMX ACOL, codici 51-67, MM7172, con le insegne al 132° Gruppo del 51° Stormo, con carico di bombe a guida laser da 1000 libbre GBU-16 Paveway II, aeroporto di Istrana, anno 2009 (vedi pagina 49).

AMX ACOL, coded 51-67, MM7172, 51st Wing 132nd Squadron, armed with 1000 lbs-class GBU-16 Paveway II LGB, Istrana ItAFB, year 2009 (see page 49).

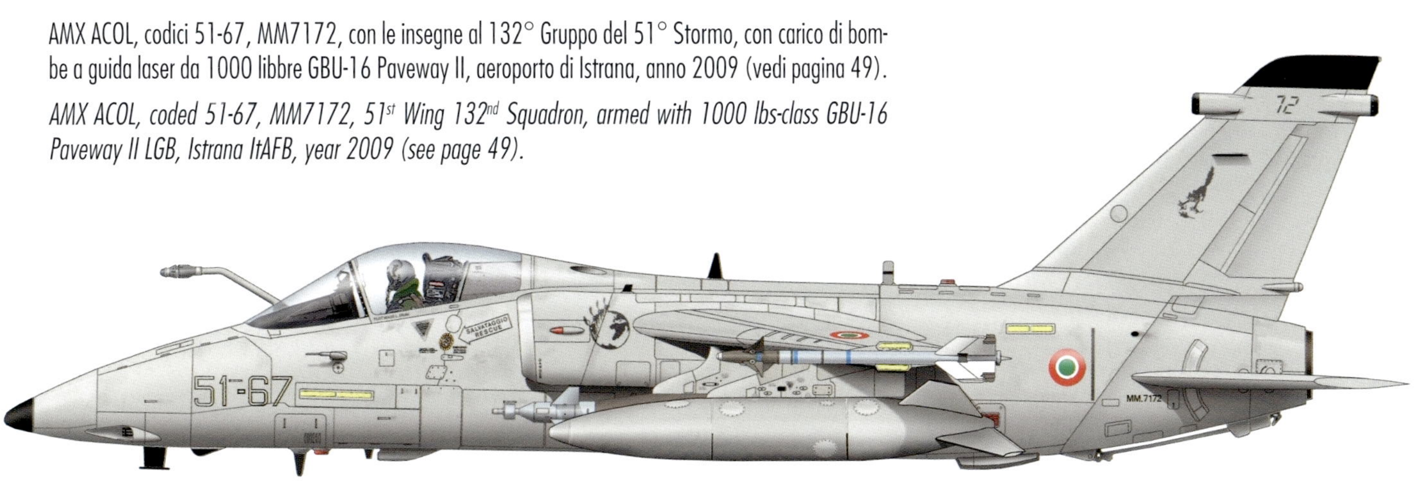

Gli AMX sono probabilmente i velivoli dell'Aeronautica Militare che hanno ricevuto il maggior numero di colorazioni speciali, i cosiddetti "special color", in occasione di anniversari, manifestazioni, raduni e traguardi raggiunti. L'AMX rappresentativo del 13° Gruppo, fotografato nel 1996, non poteva che essere il 32-12, MM7105, con la rossa bocca di squalo sul muso, eredità dell'epoca dei G-91 ed un Don Chisciotte di grandi dimensioni, l'emblema adottato nel 1942, dipinto sul timone di coda sulla cui base campeggia la scritta "...dal 1917" (foto S. Bottaro).

The AMX is probably the Air Force's asset that have received the highest number of special liveries, the so-called "special color" on occasion of anniversaries, events, gatherings and achievements. This 13th Sq. AMX, photographed in 1996, could only be 32-12, MM7105, with shark red mouth on the snout, legacy of G-91 and a large size Don Quixote, emblem adopted in 1942, painted on the rudder (...since 1917) (photo S. Bottaro).

Per celebrare il raggiungimento di 10.000 ore volate dal reparto con gli AMX, il 13° Gruppo, nell'ottobre 2001, ha preparato questo "special color", con gli elementi araldici, storici e tradizionali: il Don Chisciotte, lo squalo e le tre Squadriglie sulla parte mobile del timone di coda, la 77^{a}, la 78^{a} e la 76^{a} (foto Ciavarella Vigliotti).

To celebrate the achievement of 10,000 hours flown by the unit with AMX, 13th Sq., in October 2001, has prepared this "special color", with heraldic, historical and traditional elements: sharkmouth, the Don Quixote, and flights 77th , the 78th and 76th on the rudder (photo Ciavarella Vigliotti).

Nel 2001 il 101° Gruppo si è voluto ispirare al cartone animato di Walt Disney "La carica dei 101", con evidente riferimento al numero, che vede come protagonisti i cani dalmata, dalla caratteristica colorazione del pelo maculata. Qui la MM55037 con il "101 dalmata" e il lampo rosso caratteristico del Reparto (foto Ciavarella Vigliotti).

In 2001, 101st Sq. taking inspiration from Walt Disney's "101 Dalmatians" animated movie with obvious reference to the number, whose Dalmatian dogs characters wearing their noticeable spotted hair. Here MM55037 with the "101 Dalmatian" and the distinctive Squadron red flash (photo Ciavarella Vigliotti).

Nel 2002 il 101° Gruppo superò il traguardo di 10.000 ore di volo sull'AMX festeggiando l'avvenimento con uno "special color". Fu scelta la MM55048, con il distintivo del Reparto dipinto su tutto il velivolo: sfondo nero, saetta rossa che, con un lampo giallo, colpisce il serpente azzurro.

In 2002, 101st Squadron achieved 10,000 AMX flight hours milestone celebrating the event with a "special color". MM55048 was chosen, using aircraft fuselage as unit badge: black background, red arrow, with a yellow flash, hitting the blue snake.

Uno dei più caratteristici "special color" realizzati è stato senza dubbio l'AMX MM7147, dipinto nei colori del Savoia Marchetti S.79 con il quale il Cap. Pil. Armando Boetto cadde insieme all'intero equipaggio, sul Mediterraneo Occidentale, l'8 maggio 1941. All'eroico pilota venne intitolato il 32° Stormo ed è stato proprio nella ricorrenza del settantesimo anniversario del Reparto, celebrato il 3 dicembre 2006, che fu realizzato questo velivolo. Da notare sul timone di coda la zanzara, simbolo del 32° Stormo Bombardamento Terrestre durante la Seconda Guerra Mondiale (foto L. Caliaro).

One of the most interesting "special color" ever made is AMX MM7147 painted in the colors of the Savoia Marchetti S.79 with whom Cpt. Armando Boetto fell along with its entire crew on Western Mediterranean sea, on May 8th 1941. 32nd Wing was named after the heroic pilot and on the seventieth anniversary, held on December 3rd, 2006 it was shown. Note on the rudder the mosquito, symbol of the 32nd Land Bomber Wing during Second World War (photo L. Caliaro).

Nel maggio 1998 sei AMX attraversarono per la prima volta l'Oceano Atlantico, con il supporto degli aerorifornitori Boeing B-707 del 14° Stormo, per prendere parte all'importante esercitazione internazionale "Maple Flag" sulla base canadese di Cold Lake.

Negli anni successivi i "Ghibli" si recarono diverse volte in Canada per svolgere la proficua attività addestrativa a Goose Bay, ospiti della locale Rappresentanza, diventata Reparto nel 2001, Aeronautica Militare Italiana (RAMI Goose Bay) che forniva il supporto logistico ai reparti rischierati.

Alla fine del millennio iniziò la ristrutturazione, che quasi sempre nell'Aeronautica Militare significa riduzione, dei reparti degli AMX: gli esemplari del primo lotto furono gradualmente ritirati, nonostante fossero in servizio solo da una decina di anni, giudicando economicamente gravoso aggiornarli allo standard del terzo lotto.

Il 6 luglio 1999 il 132° Gruppo fu trasferito ad Istrana ed assegnato al 51° Stormo, mantenendo il ruolo primario della ricognizione; cessò, così, l'attività di volo del 3° Stormo poiché il 28° Gruppo era stato messo in posizione quadro già dal 30 settembre 1997.

Base. In later years the "Ghibli" went several times in Canada, to carry out successful training activities in Goose Bay, guests of the local ItAF detachment (which became Department in 2001 - RAMI) which provided logistical support to redeployed units. At the end of the millennium began Air Force restructuring, which almost always means cuts for the active forces; AMX first batch aircraft were gradually scrapped, after only ten year in service, because was thought that refurbishing them to Third Batch standard wasn't economically sound. On July 6th, 1999, 132nd Squadron was transferred to Istrana, as part of 51st Wing, maintaining the primary role of reconnaissance, closing finally 3rd Wing flight, since 28th Squadron was already disbanded on September 30th, 1997. In autumn 1999, AMX 13th Squadron took part in exercise "Bright Star '99", which took place in Cairo West Air Base in Egypt afterwards moving to Israel, first Italian unit to be hosted by the Star of David country. The AMX would return to Egypt in 2008. On December 1st ,2002, 14th Sq. was also disbanded,

L'AMX MM7177, codici 32-30, che ha già ricevuto l'aggiornamento ACOL, in decollo mentre retrae i carrelli. Questa operazione deve essere completata prima che il velivolo raggiunga la velocità di 425 km/h (foto L. Caliaro).

AMX MM7177 wearing 32-30 codes, which has already received the ACOL update, retracting the wheels during take-off. This operation must be completed before the aircraft reaches the speed of 230 kts (photo L. Caliaro).

Nell'hangar assegnato al 101° Gruppo, sull'aeroporto di Amendola, gli AMX sono sottoposti ai lavori di manutenzione di Primo livello Tecnico. Queste strutture ed organizzazioni sono state modificate nel 2002 con la creazione del Gruppo Efficienza Aeromobili.

At Amendola airport, in the hangar assigned to 101st Sq., AMX are subject to the first-level maintenance by technicians. These facilities and organizations have been changed in 2002 with the creation of the Gruppo Efficienza Aeromobili (GEA).

La mimetizzazione Grigio Cielo n. 16 era talmente efficace da causare numerosi incidenti di "bird striking": nemmeno gli uccelli vedevano gli AMX avvicinarsi! Per ovviare al problema alcuni aeroplani vennero resi più visibili nella parte anteriore allungando in fusoliera il colore nero del radome e dipingendo in nero anche gli slat.

Grigio Cielo n.16 painting was so effective that even birds were unable to see approaching aircrafts; some of them were painted with some black added on the nose and slats.

La MM55047 con i codici 32-53 è un AMX-T, qui ritratto in atterraggio al termine di una missione addestramento (foto L. Caliaro).

AMX-T MM55047 coded 32-53 pictured on landing at training mission's end (photo L. Caliaro).

Sulla base inglese di Fairford un AMX-T attende il permesso della torre di controllo per entrare in pista al termine dell'Ait Tattoo 1997.

At 1997 Air Tattoo, an AMX-T is waiting tower's clearance to enter the runway before takeoff.

Nell'autunno 1999 gli AMX del 13° Gruppo presero parte all'esercitazione "Bright Star '99", che si svolse in Egitto sulla base aerea di Cairo West e, al termine, si trasferirono in Israele, primo reparto dell'Aeronautica Militare ospitato nel paese della Stella di Davide. Gli AMX sarebbero ritornati in Egitto nel 2008.
Il 1° dicembre 2002 il 14° Gruppo venne messo "in mobilitazione" cedendo piloti e i velivoli appartenenti al secondo ed al terzo lotto ad altri reparti; di fatto, cessò ogni attività, anche se rimaneva in organico come gruppo di volo.
Sempre nell'ambito della riorganizzazione della Forza Armata, furono sciolte le Sezioni Tecniche di Gruppo e i Centri Manutenzione di Stormo, confluiti nei Gruppi Efficienza Aeromobili (GEA), ai quali furono dati in carico anche tutti gli aeroplani. I Gruppi di volo, pertanto, mantennero in organico solo i piloti ed il personale amministrativo, ma nessun velivolo. Per quanto riguarda la linea AMX, Il GEA del 32° Stormo venne costituito il 10 dicembre 2002 e quello del 51° Stormo il 1° ottobre 2005. La manutenzione dell'AMX si articola su tre livelli tecnici: il primo implica interventi ogni 125 ore di volo, mentre le lavorazioni di secondo

giving pilots and aircraft belonging to the second and third batch to other units; in fact, ceased all activity, even if it remained in the statutory organic as a squadron. Also as part of the reorganization of the Armed Forces, Technical Section Units and Wing Maintenance Squadrons were disbanded, as they merged in Aircraft Efficiency Groups (G.E.A.), taking in charge also all the aircrafts. Squadrons, as staff members, only retained pilots and administrative personnel, but no airplane. Regarding AMX maintenance line, 32nd Wing G.E.A. was formed on December 10th, 2002 and 51st Wing G.E.A. on October 1st, 2005. AMX maintenance is divided in three technical levels; first level involves careful inspection after every 125 flight hours, maintenance of second and third level occur every 500 to 1,500 hours; in each case, workload is greatly improved by the presence of about 200 mobile panels, placed at man height, which allow to perform most part of inspections without resorting to a complete disassembly. In summer of 2003 eight AMX participated, for the first time, at the largest international exercise in

Un AMX ACOL del 51° Stormo "Ferruccio Serafini", questo velivolo può essere ufficiosamente attribuito al 132° Gruppo, grazie alla tradizionale scritta "Buscaglia" dipinta davanti alla presa d'aria e sulla parte superiore dell'ala destra (foto M. Rossi).

51st Wing "Ferruccio Serafini" AMX ACOL, this particular airplane may be unofficially assigned to 132nd Sq., thanks to the traditional word "Buscaglia" painted before air intake and on top of the right wing (photo M. Rossi).

Un AMX del 51° Stormo in volo con un TF-104 del 4° Stormo durante una sessione fotografica (foto L. Caliaro).

AMX of 51st Wing flying along a 4th Wing TF-104 during a photo session (photo L. Caliaro).

Le ridotte dimensioni degli AMX consentono di effettuare atterraggi in coppia, rimanendo sempre nei limiti di sicurezza, anche dove le piste sono più strette.

AMX small overall dimension, allow to operate pair landings, within safety limits, even on narrow runaways.

I patch del 51° Stormo e dei suoi due gruppi di volo, il 103° Gruppo "Davide velut" e il 132° Gruppo "sempre i soliti...!".

51st Wing, and its two Squadron, 103rd named "Davide Velut" and 132nd "sempre i soliti...!" patches.

A destra due AMX ACOL del 51° Stormo in virata sopra le nuvole (foto L. Caliaro).

Right: two 51st Wing AMX ACOL turning above the clouds (photo L. Caliaro).

In basso, bellissima inquadratura del pilota e della parte anteriore della fusoliera dell'AMX ACOL MM7191, codici 51-45, è ben evidenziata la sonda per il rifornimento in volo presente sul lato destro dell'abitacolo (foto L. Caliaro).

Bottom: a beautiful shot of pilot and the front part of the fuselage belonging to AMX ACOL MM7191, coded 51-45, the in-flight refueling probe on the right side is well shown (photo L. Caliaro).

Sugli AMX che presero parte, nell'agosto 2001, all'Allied Military Activity sull'aeroporto canadese di Goose Bay, tra i quali la MM7179/51-11, fu dipinta una foglia d'acero rossa con il numero individuale dell'aeroplano sulla sommità del timone di coda.

On AMX who took part in August 2001 to thBRe Allied Military Activity on Canadian Goose Bay airport, including the MM7179/51-11, a red maple leaf bearing the airplane individual number was painted on fin top.

L'AMX ACOL MM7129, codici 51-54 in atterraggio sulla base statunitense di Nellis (nello stato del Nevada) durante l'esercitazione Red Flag 2009. (foto USAF)

AMX ACOL MM7129, coded 51-54 landing at Nellis AFB (in Nevada state) during exercise Red Flag 2009 (photo USAF).

Due immagini dell'attività a Nellis durante l'esercitazione Red Flag; nella prima il capo velivolo comunica con il pilota mediante un sistema interfonico nelle fasi di accensione del motore e di verifica dei sistemi, prima di iniziare il rullaggio, nella seconda, come in ogni altra occasione prima di una missione, il pilota firma il registro del velivolo prima di andare in volo (entrambe foto USAF).

In these two images Nellis AFB activities during Red Flag exercise, the first shows aircraft crew chief communicating with the pilot through an intercom system during engine starting and systems verification, before taxiing; in the second, as usual before a mission, the pilot signs aircraft acceptance logbook before flying (both photo USAF).

e terzo livello sono effettuate ogni 500 e 1.500 ore. La manutenzione è facilitata dalla presenza sul velivolo di circa 200 pannelli mobili, posti ad altezza uomo, che consentono di effettuare buona parte delle ispezioni senza ricorrere a complesse operazioni di smontaggio.

Nell'estate del 2003 otto AMX parteciparono, per la prima volta, alla più importante esercitazione internazionale del mondo, la "Red Flag", che è organizzata diverse volte ogni anno sulla base statunitense di Nellis, in Nevada, inserendosi perfettamente nelle complesse formazioni di attacco. L'esperienza sarebbe stata ripetuta nell'estate del 2009; in quell'anno dieci AMX avrebbero preso parte anche alla "Green Flag", maggiormente specializzata nelle missioni di attacco al suolo in appoggio alle truppe di terra, e ancora una volta alla "Red Flag".

L'AMX non aveva, tuttavia, ancora completamente risolto la lunga serie di problemi meccanici, burocratici, amministrativi e legali che hanno, più di ogni altro velivolo, contraddistinto la sua carriera: in seguito a un incidente del 20 ottobre 2007 che portò alla perdita di un aeroplano in decollo da Decimomannu a causa di un malfunzionamento della capottina, il 20 dicembre 2007 la Procura della Repubblica di Cagliari dispose il sequestro dell'intera flotta. L'attività di volo fu così sospesa fino al 21 febbraio 2008 quando la flotta AMX venne autorizzata a riprendere l'operatività.

the world, the "Red Flag", which is held several times each year at Nellis AFB, Nevada, blending in complex attack formations. The experience was repeated in the summer of 2009, when ten AMX also took part at "Green Flag". This exercise is more specialized in ground attack missions supporting ground troops, and once again the "Red Flag. Particularly challenging was the preparation for participation in 2009 double exercise, partly because they involved the new ACOL model: deployment readiness was achieved both in Decimomannu and Germany, working at Franco-German "Polygone". In mid-May 2009, the 132nd Sq. accomplished the first aerial refueling operation by KC-130J belonging to 46th Air Brigade. The AMX hadn't, however, completely solved the long series of mechanical, bureaucratic, administrative and legal problems, who, more than any other aircraft, marked his career, After an accident on October 20th, 2005 that led to the loss an airplane taking off from Decimomannu due to a canopy malfunction, on December 20th 2007, Cagliari's public prosecutor ordered the seizure of entire fleet. The flight activity was thus suspended until February 21st, 2008 when the AMX fleet was allowed to resume operation. Meanwhile, work continued to improve operational capabilities of

Tra gli apparati di autodifesa degli AMX vi sono i flares, artifizi pirotecnici che, con la loro alta temperatura, ingannano i missili antiaerei con testata di ricerca all'infrarosso che minacciano il velivolo (foto L. Caliaro).

Among AMX self-defense apparatuses there are the flares, pyrotechnics that, with their high temperature, deceive anti-aircraft missiles with infrared search head threatening the aircraft (photo L. Caliaro).

Fin dal periodo dei G-91R, il personale del 103° Gruppo si era auto soprannominato "gli Indiani" per la vita in tenda durante le operazioni tattiche. Ecco perché il tema del guerriero indiano molto spesso prevale sul Davide del distintivo ufficiale, come in questi due "special color" ripresi in volo. In primo piano la MM7193, codici 51-07, con una testa di indiano sulla coda insieme alla scritta "20.000", ad indicare il traguardo di ore volante raggiunto nel 1997; in secondo piano la MM7189 codici 51-03, sul quale il disegno è di dimensioni ancora maggiori ed a colori (foto L. Caliaro).

103rd Squadron "Indians" nickname comes from G-91R training session heritage, where personnel was living under tents. This is the reason why we see more often this character instead of the official "Davide" figure, as well shown in this two specials flying along. Foreground, MM7193 codes 51-07 has an Indian head with the 20.000 flying hours achievement; the second one MM7189, 51-03 has an even bigger and colorful artwork (photo L. Caliaro).

Lla "flagship" del 132° Gruppo ripresa in volo sull'Italia Nord Orientale (foto L. Caliaro).

132nd Squadron flagship overflying north-eastern Italy (photo L. Caliaro).

Lo spettacolare "special color", il "Ghibli" MM7149, esibito dal 132° Gruppo ad Istrana il 9 giugno 2001 durante il secondo raduno del proprio personale. Il colore dominante è il rosso, l'iconografia è quella tradizionale con il mondo ed i gatti e sul serbatoio subalare il motto degli Aerosiluranti: "col cuore e con l'anima oltre ogni meta".

A spectacular "special color", the "Ghibli" MM7149, exhibited by the 132nd Sq. at Istrana on June 9th , 2001 during the second staff gathering. The dominant color is red, the iconography is the traditional world and cats, on underwing tanks torpedo bombers motto "col cuore e con l'anima oltre ogni meta".

Il 5 aprile 2007 il 132° Gruppo celebrò il sessantacinquesimo anniversario della fondazione decorando la coda dell'AMX MM7133 con un grande distintivo dei quattro gatti sul mondo, la scritta Buscaglia, il motto "Sempre i soliti..." e le frecce, che all'epoca degli F-104 erano di colore rosso. Sulla presa d'aria il distintivo del Gruppo al tempi della 3ª Aerobrigata ed il codice 51-32 venne opportunamente ridipinto per far risaltare il numero 132 (foto L. Caliaro).

132nd Squadron on April 5Th 2007 celebrated its constitution sixty-fifth anniversary, decorating AMX MM7133 tail with a big badge of the four cats on the world, "Buscaglia" wording , "Always the same ..." motto and arrows, the latter, during F-104 period were red. On the air intake the Squadron badge as worn by 3rd Air Brifigade and the individual codes 51-32 properly repainted to highlight the number 132 (photo L. Caliaro).

In rullaggio lo "special color" realizzato il 1° ottobre 2009 in occasione della tripla ricorrenza del settantesimo anniversario della formazione del 51° Stormo, del ventesimo anno di impiego dell'AMX da parte del 103° Gruppo e del decimo anno di assegnazione allo Stormo del 132° Gruppo. Il lato sinistro del velivolo venne dedicato al 103°, come si vede dall'immagine, ed il lato destro al 132° (foto S. Morari).

AMX "Special color" made on October 1st 2009 taxiing, there was a triple celebration, for the 51st Wing constitution seventieth anniversary, twentieth year on AMX by 103rd Squadron and the tenth anniversary of assignment to 51st Wing of 132nd Sq. The left side of the aircraft was dedicated to 103rd, as seen in this image, and the right side to 132nd (photo S. Morari).

La MM7133, codici 51-57, assegnata al 103° Gruppo ritratta nel settembre 1993 ad Istrana con un carico di bombe da esercitazione.

MM7133, coded 51-57, assigned to 103rd Sq. portrayed with exercise bombs at Istrana in September 1993.

A metà maggio 2009 il 132° Gruppo effettuò le prime operazioni di rifornimento in volo dai KC-130J della 46ª Brigata Aerea, in preparazione alla seconda trasferta oltre oceano, ed il medesimo Gruppo il 28 agosto 2009 iniziò ad impiegare il pod da ricognizione Rafael "RecceLite", agganciato al velivolo MM7160, codici 51-53. Il pod è dotato di vari tipi di sensori e permette la registrazione dei dati su un supporto interno e la possibilità di inviarli in tempo reale, tramite Data Link, ad una stazione a terra attrezzata denominata GES (Ground Exploitation System) in grado di ricevere i file e le immagini digitali con possibilità di interpretazione immediata della situazione sul terreno oggetto della ricognizione. Le prove di integrazione del "RecceLite" con l'AMX erano iniziate dal personale del RSV a partire dal mese di marzo 2009, mentre il primo corso teorico di qualificazione si tenne ad Istrana da personale della Rafael, dal 20 al 24 luglio 2009, con la partecipazione di dodici piloti e otto specialisti più un ufficiale e quattordici sottufficiali dedicati alla manutenzione della "RecceLite" GES.
Oggi il 32° e il 51° Stormo sono inquadrati nel Comando Forze da Combattimento di Milano che dipende dal Comando della Squadra Aerea a Roma Centocelle; fare supposizioni su quanto gli AMX ACOL, resteranno ancora in servizio con l'Aeronautica Militare è difficile, soprattutto in momenti di crisi economica in

the "Ghibli" with the acquisition of reconnaissance pod Rafael "RecceLite", whose first flight with a 132nd Sq. AMX took place on August 28th, 2009 using MM7160, coded 51-53. The pod is equipped with various types of sensors and allows the recording of data on an internal support and the ability to send them in real time, via data link, to a ground station equipped called GES (Ground Exploitation System) able to receive the files and digital images with the possibility of immediate interpretation of ground situation covered by the survey. Integration test within AMX and RecceLite were started by RSV staff starting in March 2009, while the first theoretical qualification course held by Israeli's personnel in Istrana Rafael, took place the same year, from July 20th to 24th, Italian pupils comprised twelve pilots and eight specialists; an officer and fourteen non-commissioned officers for the maintenance of "RecceLite" Ground Exploitation Station. Today, 32nd and 51st Wings are placed under Milan-based Combat Command Forces, which depends from the Command of the Air Force based in Rome Centocelle. Any assumption about the future career of AMX ACOL, in service with the Air Force is difficult, especially in present times of economic crisis. So, each state administration, but

L'affollata e fervente di attività linea di volo di Istrana è un'immagine non molto comune negli aeroporti dell'Aeronautica Militare dei nostri giorni (foto L. Caliaro).
The busy and bustling Istrana flight line activity is a not very common image on Italian Air Force airports nowadays (photo L. Caliaro).

Un'"apertura" di due AMX ACOL del 51° Stormo ad alta quota. Sebbene l'introduzione dei Gruppi Efficienza Aeromobili abbia spersonalizzato gli aeroplani, che non sono più assegnati ai Gruppi di volo, il 132° mantiene le proprie tradizioni scrivendo il cognome di Buscaglia sui serbatoi supplementari (foto L. Caliaro).

Two 51st Wing AMX ACOL break at high altitude. Albeit GEA introduction has depersonalized the airplanes, not in charge to Squadron anymore, 132nd Sq. retains its traditions, painting the word "Buscaglia" on wing tanks (photo L. Caliaro).

In uno shelter della base di Istrana un AMX ACOL del 132° Gruppo mostra i carichi bellici che può trasportare (foto L. Caliaro).

132nd Sq. AMX ACOL in a Istrana base shelter shows is weapons load possibilities (photo L. Caliaro).

In atterraggio a Decimomannu, dove gli AMX del 51°, e degli altri Stormi che lo hanno utilizzato e lo utilizzano , sono assidui frequentatori dei poligoni e delle strutture addestrative nei pressi dell'aeroporto sardo (foto L. Caliaro).

51st Wing AMX is landing in Decimomannu; this and all other former and actual AMX units are frequent visitors of the training polygons and structures of the Sardinian base (photo L. Caliaro).

cui ad ogni apparato dello Stato, ma soprattutto, storicamente, alle Forze Armate, sono chiesti risparmi e sacrifici; il programma è comunque quello di mantenere la flotta di ACOL in servizio almeno fino all'arrivo dei Joint Strike Figher Lockheed Martin F-35 "Lightning II", previsto nel 2018.

most of all, the Armed Forces, historically are called up to savings and sacrifices, Chief of Staff programs to maintain in service AMX ACOL fleet at least until the arrival of the Joint Strike Fighter Lockheed-Martin F-35 "Lightning II", expected in 2018.

La MM7172, codici 51-67, in rullaggio ad Istrana. Si notano bene il distintivo del 132° Gruppo sulla presa d'aria ed il sistema di ricognizione "Reccelite", infatti la ricognizione è il ruolo primario del Gruppo (foto S. Morari).

MM7172, coded 51-67, taxiing in Istrana. 132nd Squadron badge is clearly shown on the intake as the reconnaissance system "Reccelite" In fact, reconaissance is Sq. primary role (photo S. Morari).

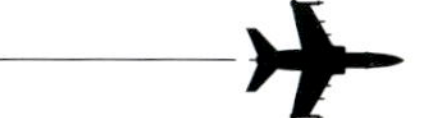

Il patch in plastica incisa del Reparto Sperimentale Volo.

The etched plastic made patch of the RSV.

Il motto "primus inter pares" sul patch in stoffa ricamata del 311° Gruppo.

The embroidered patch of the 311° Gruppo with the latin motto "primus inter pares".

In queste due pagine alcune fotografie di AMX che hanno portato le insegne del Reparto Sperimentale Volo. L'RSV, oltre al compito di provare e contribuire allo sviluppo dei velivoli e degli armamenti in servizio con l'Aeronautica Militare ha anche l'onere di presentare l'AMX in volo durante le manifestazioni aeree cui il caccia italo-brasiliano è invitato a partecipare.
AMX MMX594, codici RS-11; la matricola CSX7158, codici RS-12 in linea di volo a Pratica di Mare; poco prima di una esibizione la MM7091, codici RS-13; AMX ACOL MM7177, codici RS-14 durante un'esibizione (foto M.Rossi); il biposto codici RS-18 con sulla deriva il simbolo dei 50 anni dell'RSV.

In these two pages some AMX shoot of aircraft that were took in charge by Flight Test Squadron. The Squadron, besides its commitment for new Italian Air Force aircrafts developing and weapons trial, also shows the Italian-Brazilian aircraft during air shows.
AMX MMX594 coded RS-11; serial number CSX7158 coded RS-12 in Pratica di Mare's flightline; just minutes before taking off, here's MM7091, coded RS-13; AMX ACOL MM7177, wearing code RS-14 during an exibition (photo M.Rossi); twin-place RS-18 wearing the RSV 50Th anniversary emblem on its fin.

RS-13

RS-14

RS-18

L'impiego bellico

AMX at war

L'AMX ha partecipato a tutte le operazioni belliche in cui sono state coinvolte le Forze Armate italiane negli ultimi decenni. Nel 1993 iniziò l'operazione dell'ONU "Deny Flight" sulla Bosnia e gli AMX vi furono impegnati a partire dal 1994, prime missioni sui Balcani di una lunga serie che sarebbe seguita negli anni a venire con le operazioni della NATO e dell'ONU: "Deliberate Force" nel 1995, "Decisive Endeavour" dal dicembre 1995 al dicembre 1996, "Deliberate Guard" nel 1997 ,"Alba" nel 1998, "Allied Force" nel 1999, "Joint Guardian Forge" nel 2000.
La più importante e coinvolgente fu l'"Allied Force", iniziata il 24 marzo 1999 sotto il comando della NATO, a cui l'Aeronautica, tra gli altri assetti, assegnò anche alcuni AMX provenienti da tutti gli Stormi che avevano in carico il velivolo. L'"Allied Force" nacque in seguito al mandato ricevuto dalla NATO dalla Risolu-

Patch generico dell'operazione Allied Force.

Allied Force operation embroidered patch.

The AMX has participated to all military operations in which were involved in the last decades the Italian armed forces. In 1993 began the UN operation "Deny Flight" over Bosnia and AMX were committed there since 1994, the first missions in a series above the Balkans, that

Durante le operazioni sui Balcani gli AMX sono spesso stati rischierati sull'aeroporto di Amendola, in Puglia, che essendo più vicino alle zone di operazioni consentiva un più proficuo impiego del velivolo. Qui il "Ghibli" MM7156, codici 2-22, fotografato proprio sull'aeroporto di Amendola.

During the Balkans operations, AMX have often been redeployed to Amendola airport, in Apulia, being so closer to the areas of operations allowed a more profitable use of the aircraft. Here's the "Ghibli" MM7156, codes 2-22, photographed right in Amendola.

In rullaggio ad Herat, prossimo ad una nuova missione di ricognizione l'AMX ACOL, codici 51-45, ben visibile sulla presa d'aria lo stemma dell'ISAF.

Taxiing on Herat apron, ready for a new recce mission, this AMX-ACOL, coded 51-45 shows ISAF emblem painted on the air intake.

Il patch in stoffa ricamata del "task group Black Cats" di Herat.

The embroidered patch of the "task group Black Cats".

zione 1199 del 23 settembre 1999 dell'ONU, votata per fermare le deportazioni ed i massacri nella regione del Kosovo. L'AMX non si presentò ad "Allied Force" con una buona reputazione né all'interno della Forza Armata, né da parte delle aviazioni alleate; i lusinghieri risultati ottenuti dal "Topone" nelle missioni di guerra, in un ambiente altamente tecnologico, furono visti quindi quasi con sorpresa e fu grazie a questa operazione che l'Aeronautica Militare decise di continuare a puntare ancora sul piccolo caccia bombardiere con rinnovato interesse. I velivoli impegnati furono trasferiti sull'aeroporto Amendola, ad una sola ora di volo dal territorio nemico, inquadrati nell'"Operazione Ghibli", nome che diede lo Stato Maggiore alla cellula degli AMX. La forza era composta da diciannove aeroplani appartenenti al terzo lotto, dieci dei quali pronti ad alzarsi in volo e nove di riserva, provenienti da tutti i Gruppi, ad eccezione del 101° che assegnò all'operazione solo alcuni piloti e specialisti a causa della ridotta autonomia dei biposto.

Il primo impiego di armamento reale avvenne il 14 aprile da parte di due velivoli del 103° Gruppo che lanciarono alcune bombe Mk.82, da 227 Kg, guidate all'infrarosso tramite kit "Opher". Nonostante le regole di ingaggio fossero molto restrittive e prevedessero l'utilizzo delle armi solo dopo avere acquisito il contatto visivo del bersaglio per evitare il più possibile i cosiddetti

would be followed in the years ahead with UN and NATO operations designated "Deliberate Force" in 1995, "Decisive Endeavour" from December 1995 to December 1996, "Deliberate Guard" in 1997, "Sunrise" in 1998, "Allied Force" in 1999, "Joint Guardian Forge" in 2000. The most important and exciting was the "Allied Force", which began March 24th, 1999 under NATO command, where the Air Force, among other assets, assigned some AMX from all the wings and units. "Allied Force" was set up following the UN mandate received by NATO in Resolution 1199 of September 23, 1999, that stated to stop the deportations and massacres in Kosovo. The AMX didn't appear to be a glamorous asset to "Allied Force", both within the Air Force or Army, or to the eyes of the allied air forces. The gratifying results obtained by the "rats" during war missions in a highly technological environment, were then receipted almost with surprise, and it was thanks to this operation that the Air Force decided to continue propping up the small fighter-bomber with renewed interest. During this operation, all aircraft involved were transferred to Amendola, a one hour flight to enemy territory, an enclosed in "Operation Ghibli", the name General Staff gave to AMX combat cell. The cell was composed of nineteen aircraft, all belonging to the third batch, ten of whom were ready to take off and nine spare, coming from all squadrons, except for the 101st who assigned to the operation few pilots, because of two-seater reduced autonomy. The first real weapons drop took place on April 14th by two 103rd Sq. aircraft, who delivered 500lbs. Mk.82 bombs, guided by infrared kit "Opher". Despite the rules of engagement were very strict

Sullo sfondo del tipico paesaggio afgano una Interessante inquadratura di un AMX ACOL dei "Black Cats" con il pod da ricognizione RecceLite (foto AM).

Against the typical Afghan landscape an interesting shot of a "Black Cats" AMX ACOL with reconnaissance pod RecceLite (photo AM).

A sinistra e a destra due patch in stoffa ricamata utilizzati durante l'operazione "Unified Protector".

Left and Right: two of the embroidered patches used during Operation "Unified Protector".

danni collaterali, durante l'operazione "Allied Force" gli AMX sganciarono 502 bombe Mk.82, trentanove delle quali con kit "Opher", ed effettuarono circa due terzi delle missioni giornaliere assegnate alla componente italiana, con un massimo di otto sortite al giorno. Le missioni sono state di CAS (Close Air Support - supporto aereo ravvicinato) pianificate, di "on-call" CAS, supporto aereo ravvicinato "su chiamata", da parte del A-FAC (Airborne Forward Air Controller - controllore aereo avanzato) e di ricognizione svolte dagli AMX del 132° Gruppo.

Dal 7 novembre 2009 quattro velivoli della versione ACOL sono stabilmente schierati ad Herat, in Afghanistan, nell'ambito della missione ISAF (International Security Assistance Force - Forza di Sicurezza e Assistenza Internazionale); gli AMX, provenienti dal 51° Stormo di Istrana, hanno costituito il task group "Black Cats", dal disegno del distintivo dello Stormo.

Inquadrati nella JATF (Joint Air Task Force - Forza Aerea Congiunta) di Herat, nell'area del Regional Command West (Comando Regionale Ovest), i "Black Cats" sono impegnati in missioni di supporto aereo ravvicinato e appoggio tattico alle truppe della Coalizione con l'utilizzo del cannone "Vulcan", e missioni da ricognizione aerea (TAR - Tactical Air Reconnaissance) atte a supportare le esigenze di Intelligence, Sorveglianza e Ricognizione (ISR - Intelligence Surveillance Recognition), compito assolto grazie al pod israeliano "RecceLite".

Il personale, circa 70-80 militari, proviene da tutti i Gruppi che in Patria utilizzano il "Ghibli", 103° e 132° di Istrana e 13° e 101° di Amendola, oltre che da personale del 3° RMV di Treviso Sant'Angelo.

La presenza dei velivoli varia in funzione del numero delle ore volate e dura circa un anno, al termine del quale gli AMX ACOL sono rilevati da altrettanti aeroplani provenienti dall'Italia con un volo di trasferimento di dieci ore, normalmente con scalo tecnico a Sharm-el-Sheik (Egitto) e ad Abu Dhabi.

A fine gennaio 2012 il Task Group "Black Cats" ha superato le 4.000 ore di volo, effettuando 1.500 missioni di sorveglianza e ricognizione su 3.700 siti differenti e producendo oltre 41.000 immagini. Il 18 Gennaio 2012 il ministro della Difesa, amm. G. Di Paola, davanti alle commissioni congiunte e riunite di Camera e Senato ha dichiarato, che "i mezzi che abbiamo schierato in quel teatro (Afghanistan n.d.a.) facciano il loro

and foresaw the use of weapons only after having acquired visual contact of the target, as measure to avoid, as much as possible, the so-called collateral damage, during "Allied Force" AMX dropped 502 Mk.82 bombs, thirty-nine of them with kits "Opher", and carried out about two thirds of daily missions assigned to the Italian component, with a maximum of eight sorties a day. Most missions were CAS (Close Air Support) and "on-call" CAS by the A-FAC (Airborne Forward Air Controller). Moreover, also there are to be added the reconnaissance missions carried out by the 132nd Sq. Starting on November 7th , 2009 four ACOL version aircraft are permanently deployed to Herat, Afghanistan, as part of ISAF (International Security Assistance Force), the planes all coming from Istrana 51st Wing, forming task group "Black Cats", adopting the distinctive wing's emblem. As part of the Heart-based JATF (Joint Air Task Force) - Regional Command West, the "Black Cats" are engaged in missions of aerial reconnaissance missions (TAR - Tactical Air Reconnaissance) designed to support the needs of Intelligence, Surveillance and Reconnaissance (ISR - Intelligence Surveillance Recognition), a task accomplished by the Israeli pod " RecceLite "and close air support and tactical support to Coalition troops, task performed exclusively with the use of the Vulcan cannon. The staff is made up of 70-80 units, coming from all groups employing the "Ghibli", i.e. from 103rd and 132nd Sq. from Istrana and 13th and 101st Amendola squadrons, as well as by staff of 3 ° RMV of Treviso. In-theatre presence of the single aircraft may vary depending on the number of flight hours and lasts about a year, after which the AMX ACOL are turned-on by as many airplanes from Italy with a transfer flight of ten hours usually with a technical stop in Sharm-el- Sheik (Egypt) and Abu Dhabi. In late January 2012, the Task Group "Black Cats" has exceeded 4,000 hours of flight in the skies of Afghanistan, conducting 1500 surveillance and reconnaissance missions over 3,700 different sites, producing more than 41,000 images. Defense Secretary, former Admiral G. Di Paola,

dovere" e che "i mezzi che sono sul posto, compresi i velivoli, siano in grado di proteggere i nostri uomini"; tradotte dal linguaggio ufficiale le parole dell'amm. Di Paola potrebbero significare l'autorizzazione all'impiego di armi da caduta da parte degli AMX. Pur non essendoci riscontri ufficiali sembra che già da quel mese i "Ghibli" impieghino bombe GBU-16, GBU-32 e "Lizard".
Nel corso del 2011 il bacino del Mediterraneo è diventato ancora una volta teatro di operazioni belliche condotte su larga scala, così come non se ne vedevano più dai tempi della Seconda Guerra Mondiale. La causa è stata la crisi libica, culminata il 19 marzo 2011 con l'inizio delle operazioni aeree contro l'esercito dei lealisti del Colonnello Gheddafi da parte della "Coalizione dei Volenterosi", sostenuta dalle risoluzioni del Consiglio di Sicurezza dell'ONU n° 1970 e 1973. L'Italia ha aderito da fin dall'inizio alla Coalizione e, tra i vari sistemi d'arma utilizzati dell'Aeronautica Militare, ci sono stati anche gli AMX. Le operazioni hanno ricevuto il nome di "Odissey Down", diventato "Unified Protector" dopo l'assunzione del comando da parte della NATO il successivo 27 marzo.
I velivoli, come tutti gli altri assetti dell'Aeronautica Militare per le operazioni sulla Libia sono stati assegnati con TOA (Transfer of Autority - Trasferimento di Autorità) alla NATO ed inquadrati nel Task Group Air "Birgi" sin dal 31 marzo 2011. Gli AMX non hanno preso parte alle prime missioni sulla Libia ma, a partire da luglio, sono stati rischierati sull'aeroporto siciliano tre velivoli provenienti dal 51° Stormo e tre dal 32° Stormo. I "Ghibli" hanno eseguito missioni sia nel ruolo di caccia bombardiere che in quello di ricognitore, totalizzando oltre 500 ore di volo e sono rientrati a Istrana e Amendola il 31 ottobre, il giorno della fine di "Unified Protector", senza subire alcuna perdita.

Sui piazzali di Herat due "Ghibli", con i piloti a bordo, attendono il via libera della torre di controllo per la prossima missione.

Two already manned "Ghibli" are waiting the rolling clearance to start their next mission.

on January 18th, 2012, in front of joint Senate and House commissions, declared that "assets deployed in theatre (Afghanistan - Author's note) have to perform their duty and be able to protect our troops"; translating these words from official language, Sec. Di Paola words means that AMX are authorized to use all their weapons. Albeit there isn't any official confirmation, it seems that starting from January AMX have been dropped GBU-16, GBU-32 and "Lizard" smart bombs.The commitment of the "Ghibli" in Afghanistan continues and it is credible that will not cease until the last ISAF mandate itself.
During 2011, the Mediterranean basin has once again become the theater of military operations conducted on a large scale, not seen since the days of World War II. Reason was the Libyan crisis, which culminated March 19th, 2011; with the start of air operations against the army of Colonel Gaddafi's loyalists, by the "Coalition of the Willing", supported by the UN Security Council Resolutions No. 1970 and 1973. Italy joined the Coalition and from the outset among the various weapons systems employed, AMX was one of these. The operation, once called "Odyssey Down" became "Unified Protector" after NATO assumption of command March 27th. The aircrafts, like all other assets of the Air Force for operations in Libya have been assigned with TOA (Transfer of Authority) to the NATO Task Group Air "Birgi" since March 31st, 2011. The AMX did not take part in the first missions against Libya, but, from July, they have been redeployed to Sicily three aircraft from 51st Wing and three from 32nd Wing. The "Ghibli" has performed in the role of fighter bomber and reconnaissance aircraft, totaling over 500 flying hours. They returned to Istrana and Amendola on October 31st 2011, the same day operation "Unified Protector" ended, without any loss.

Note modellistiche AMX ACOL in scala 1/72

Ci sono decine di kit del Tornado e dell'F-16, dei Mirage o degli F-4 Phantom e meno delle dita di una mano dell'AMX! Purtroppo il mercato modellistico si è "dimenticato" del nostro piccolo cacciabombardiere. Non senza difficoltà, data l'età del kit, rintracciamo via web negli Stati Uniti una scatola della Warrior Model polacca, in scala 1/72, stampato in una resina giallina facilmente lavorabile e poco vetrosa. Le istruzioni, sia per il montaggio sia per il posizionamento delle decal, sono stampate in b/n e non sono proprio precise e chiare. Il soggetto che abbiamo scelto di riprodurre è l'AMX ACOL MM7191, codici 51-34, basato ad Herat nell'ottobre 2011. Apriamo la scatola e ci troviamo di fronte l'inevitabile accozzaglia di parti in resina, metallo bianco e vacuform. Ad un primo sguardo, ci rendiamo conto che la mole di lavoro da fare, per ottenere una riproduzione degna, è notevole, non tanto per linee generali dell'aereo, che sono molto ben riprese (forse il solo canopy non è proprio dimensionalmente corretto), ma per le modifiche necessarie, alcune delle quali sostanziali. Infatti, il kit è chiaramente basato sui cinque prototipi (ma stranamente, la deriva è quella di serie) per cui le differenze più evidenti sono la carenatura del Vulcan e il posizionamento del gancio d'arresto d'emergenza (peraltro totalmente assente). Partiamo quindi dalla pulizia di tutti i pezzi, provando a secco tutti gli incastri e posizionamenti, e per facilitare il lavoro a chi vorrà cimentarsi con questo "topone", andremo a spiegare gli interventi dal muso alla coda, per poi procedere con l'assemblaggio vero e proprio. Come accennato, con il trapanino e fresa, andremo a modellare la carenatura del cannone sino a portarla allo standard di serie, ponendo cura a darle profondità, per poi posizionare il simulacro delle volate del cannone stesso. Dietro il tettuccio andrà realizzato il foro di scarico dell'impianto di condizionamento. Andranno realizzati altri due fori a circa 2 cm dal cono di scarico (su entrambi i lati della fusoliera). Dovremo determinare il fulcro di rotazione dei piani di coda, praticare un foro e fare lo stesso con la relativa superficie mobile, creando poi, con del filo di rame rigido il perno. Realizzeremo, con l'aiuto di un tappo da matita per trucco e una sezione finale di turbina, presa dal nostro magazzino "ricambi", lo scarico dello Spey; dei disegni ci aiuteranno a determinare la profondità. Torniamo ora al cockpit dove, con l'aiuto di un po' di vinavil, proveremo il posizionamento della vasca del pilota, della carenatura e del pannello strumenti, recante stampato in un tutt'uno l'HUD. L'abitacolo è verniciato in grigio chiaro, simile all'FS36630, con i pannelli in nero semilucido, come il pannello antiriflesso e gli strumenti. Useremo la tecnica del dry-brush

Modellers' notes 1/72 scale AMX ACOL

There are a lot of of kits of the Tornado, F-16, or the Mirage or the F-4 Phantom ... and less AMX of one hand fingers! Unfortunately the market has "forgotten" our little fighter, which, operationally speaking has had and still has, not really "quiet" career, also with tenths of "special color" liveries. Not without difficulty, given the age of kits still available, we trace on the web in the United States a copy of the Polish-made Warrior Model kit in scale 1/72, cast in a pale yellow resin that is easily workable not being very brittle. Instructions, both for mounting and for the positioning of the decal, are printed in b / w and aren't very accurate and clear. The subject we choose to reproduce is the AMX ACOL MM7198 codes 51-44, as seen in Herat, Afghanistan in October 2011. We open the box and we face the inevitable jumble of resin parts, white metal and vacuform. At first glance, we realize that the amount of work to do, to get a play worthy, is remarkable, not so much for the general lines of the aircraft, which are very well reproduced (perhaps only the canopy is not quite dimensionally correct), but for the necessary changes, some of them substantial. In fact, the kit is clearly based on the five prototypes (but strangely, the vertical tail is the production one) for which the most obvious differences are the fairing of the Vulcan and the positioning of the emergency arrestor hook (totally absent).

We start by cleaning up all the pieces, trying to dry fit all joints and placements, and to facilitate the work to those who want to try this "big rat", we will explain the actions from nose to tail, and then proceed with the real assembly. As mentioned, with drill and lathe, we will model the gun fairing to bring it up to the production standard, taking care to give it depth, and then place the simulation of the gun nozzles. Behind the canopy we will drill the drainage hole of the air conditioning. Also, two other holes shall be drilled approximately 2 cm from the jet exhaust (on both sides of the fuselage).

We will determine the center of rotation of the elevons on fuselages, drill a hole and do the same with its moving surface, then creating, with copper wire, the shaft. Then, with the help of a cork from a make-up pencil (thanks wife!) the exhaust nozzle final section, and, taken from "spare parts" warehouse Spey's last stage; use of drawings will help us to determine the depth.

Box art del kit dell'AMX della Warrior Model.

Box Art of the Warrior Model kit for the AMX.

con grigio chiarissimo Humbrol 140 e argento 28 per esaltare i particolari, e con un Microbrush le fibbie delle cinghie e le targhette rosse sul seggiolino eiettabile. Unico particolare da autocostruire è la manetta. Iniziamo quindi l'assemblaggio vero e proprio, incollando le semifusoliere e le semiali. Grazie alla preventiva carteggiatura e alla preparazione, è necessario dello stucco sulla sola semiala destra; la cianoacrilica stessa, una volta anch'essa carteggiata con la carta seppia 1200, ha funto da stucco. Sempre seguendo un senso logico, modifichiamo il dielettrico, arrotondandolo notevolmente, incolliamo le prese d'aria (queste necessitano di una grande quantità di stucco e adattamento essendo troppo grandi e convesse), dove prima avremo, con la fresa da 5 mm, allungato il condotto dell'aria, conferendo grande realismo al tutto. Incolliamo i quattro piloni subalari, facendo attenzione tra gli interni e gli esterni. Sempre

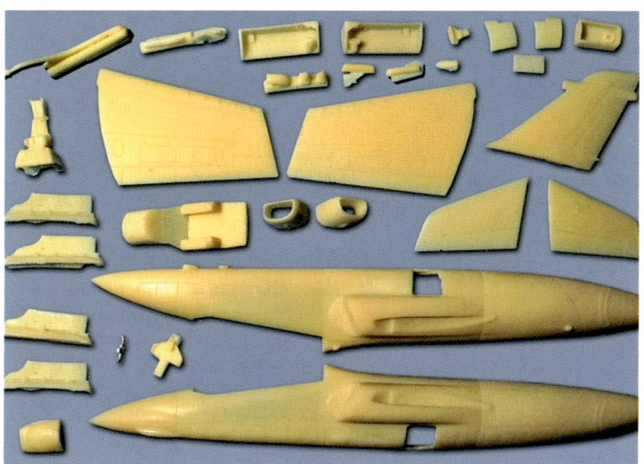

I pezzi principali che compongono il kit.

Some of the resin pieces of the kit.

Back to the cockpit, where, with the help of a little of PVA glue, we'll dry fit pilot's bathtub, instrument panel fairing and the panel itself, with the molded HUD frames. The interior is painted in light gray, similar to FS36630, with semi-gloss black panels, such as anti-glare and instruments. We will use the technique of dry-brush with Humbrol light gray 140 and silver 28 to enhance the details, and with a Microbrush to bring out straps' buckles and the red labels on the ejection seat. Throttle is the only detail to build from scratch.

We now start the actual assembly, gluing the half-fuselages and wings. Thanks to prior sanding and preparation, you just need filler on the right wing; also cianoacrylate, once sanded with 1200 sepia, acts as filler. Continuing to follow a logical sense, we modify the radar dielectric, rounded up significantly, attach the air intakes (these require a large amount of filler and adaptation being too large and convex), where before, with 5 mm drill, we stretched the air duct, giving realism to the whole. Glue now the four underwing pylons, taking care of the interiors and exteriors. Always in our piece bank, we find from the Hasegawa kit dedicated to armaments USAF 1/72 scale, the Aero 3B rails for Sidewinders, although not used in the Afghan theater, the rails of the AIM-9L are never removed, as they contribute to roll-axis stability. Identify the section of the fuselage where

nel magazzino, troviamo provenienti dal kit Hasegawa dedicato agli armamenti USAF in scala 1/72, le due rotaie Aero 3B per i missili Sidewinder; anche se non impiegati in teatro, le rotaie degli AIM-9L non vengono mai smontate, in quanto contribuiscono alla stabilità sull'asse di rollio. Individuata la sezione di fusoliera ove appoggerà la deriva la renderemo "piatta" con l'aiuto di una lima e poi ci penserà la ciano a raccordare il tutto. Passando al ventre, saranno posizionate le due prese d'aria di raffreddamento del vano motore e incolleremo, individuando il luogo esatto, la carenatura del gancio; partiremo da un gancio dell'F-104 per costruire questo; con del plasticard da 0,025 realizzeremo le due protezioni laterali, che servono anche da pattino di coda. A questo punto verniceremo in bianco lucido i vani carrello, le relative gambe di forza ed attuatori, i cerchi delle ruote e l'interno dei portelli.

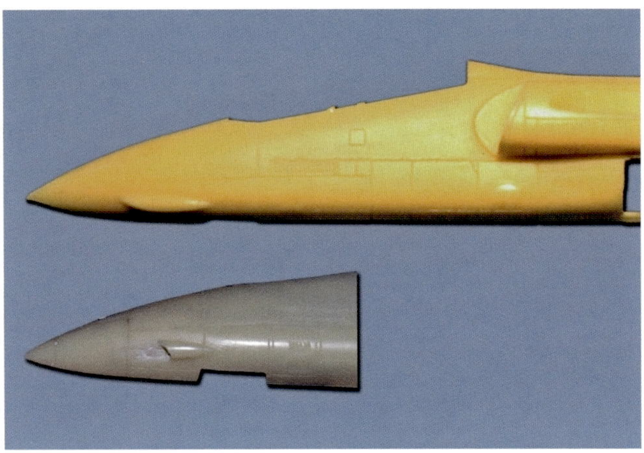

La carenatura della Vulcan modificata allo standard di serie.

Vulcan cover modified to production standard.

I serbatoi subalari, posti sui pylons esterni, sono stampati con un cerchio di rinforzo non presente nella realtà; sempre con l'aiuto di trapano e fresa andremo quindi a riportarli della corretta sezione. Con del grigio medio, e mascherando l'abitacolo, daremo ora una mano di fondo, che ci aiuterà a rilevare sia le imperfezioni di stuccatura sia le superfici non correttamente seppiate. Notiamo ora che le pannellature sono forse un po' troppo profonde per la scala, ma sarebbe un lavoro improbo stuccare l'intero velivolo e reinciderlo. Con la colla vinilica stesa con uno stecchino, posizioniamo il tettuccio, che avremo precedentemente accuratamente ritagliato dallo stampo; malgrado ciò la parte anteriore andrà lavorata parecchio per raccordarsi al muso. Copriamo il canopy con il Maskol e procediamo alla verniciatura finale, totalmente in grigio Air Superiority Gray FS36280. Come già descritto nello stesso capitolo della monografia "Tornado IDS - ECR" della serie Italian Aviation Series, avendo a disposizione il colore originale dell'Alenia, lo useremo schiarendolo appena con del bianco. Da poco, in ogni caso, l'FS36280 è disponibile nella gamma Lifecolor di acrilici ad acqua. Già dopo questa prima mano, l'aspetto del modello è

the tail would be placed and make it "flat" with the help of a file and then with cyan blend everything. Moving on to the belly, we will position the two air intakes for engine compartment cooling then identifying the exact location, scratch build hook's fairing; a spare hook from a F-104 would help. With 0.025 plasticard will build the two side shields, which also serve as a tail skid. At this point in glossy white will paint the wheels wells, the legs and actuators, rims of the wheels and doors interiors. The wing tanks, located on the outer pylons, are cast with a reinforcement ring, not present in reality. Still with the help of drill and lathe we will bring them up to the correct section.

With medium gray, and masking the cockpit, we will now give a primer that will help us to detect the imperfections of grouted surfaces where is not properly clean. Now note that the panels are perhaps a bit 'too deep for the scale, but it would be a daunting job to fill the entire airplane. With the glue applied with a toothpick, place the cockpit, that we have previously carefully cut from the mold, despite this a tedious blending job is necessary to blend it into the nose profile. We cover the canopy with Maskol and start final painting, totally Air Superiority Gray FS36280. As described in the same chapter of the monograph "Tornado IDS - ECR" - Italian Aviation Series, we use Alenia original color, we will use it just adding a little of white. Anyway, FS36280 is available in the range of Lifecolor acrylic water colors. Already, the general appearance of the model is impressive! Very gently, and following the photographic documentation, we'll dirty it, only on the parts we need with a mix of brown and black. Using diluted pure white, we will lighten some panels, always imitating the real aircraft. We mask the necessary zone and paint tail and nose dielectrics in semigloss black FS27038, ditto for the muzzle, antennae and cones of the RWR system.

We'll glue now all the details, scratch building, with plasticard, the ILS antennas (placed on the tail) and four small trapezoidal antennas, installed on the air intakes and under the cockpit. Follow-on are the pitots and AOA sensors (the latter DIY). Finally glue the probe for aerial refueling, also in gray whit steel connector, bearing a red light on the front.

All other antennas are fortunately in the kit. We derive the RecceLite from Italeri 1/72 kit LANTIRN pod (or similar): the real dimensions are easily available, make the ROVER antenna, and with the help of cutter and file, will simulate the "notch" where the head rotates. Not having

comunque impressionante! Sporcheremo, molto delicatamente, e seguendo la documentazione fotografica, solo le parti necessarie con un mix di marrone e nero. Altresì, con del bianco puro diluito, provvederemo a schiarire alcuni pannelli apribili, sempre imitando l'aereo reale. Mascheriamo la deriva e dipingiamo il dielettrico in nero semilucido FS27038, idem per il muso, le antenne e i coni del sistema RWR. Incolleremo ora tutti i particolari autocostruendo, sempre con del plasticard, le antenne dell'ILS (poste sulla deriva) e quattro piccole antenne a sezione trapezoidale, da posizionarsi sulle prese d'aria e sotto l'abitacolo. Seguiranno i pitot e i sensori AOA (quest'ultimi autocostruiti). In ultimo incolliamo la sonda per il rifornimento in volo, anch'essa grigia, recante una luce rossa sul davanti ed il connettore a pressione in metallo naturale (acciaio). Tutte le altre antenne sono per fortuna presenti nel kit. Da un kit Italeri in 1/72 ricaviamo da un pod Lantirn (o simile) il RecceLite: le dimensioni reali sono facilmente reperibili, dopodiché si realizza l'antenna ROVER e, con l'aiuto di taglierino e limetta, simuleremo lo "scasso" ove ha sede la testa rotante recante i sensori. Non avendo la referenza del colore, abbiamo usato un mix di Humbrol 14, 48 e 78, crediamo avvicinandoci notevolmente al colore reale. Con due striscioline di plasticard simuleremo di ganci di ritegno; l'AMX non è dotato di pilone ventrale, i carichi sono sospesi ai ganci installati all'interno della struttura di fusoliera. Dopo aver effettuato un buon numero di misurazioni da foto e disegni, conveniamo che il carrello è forse troppo basso e di difficile montaggio; restando comunque all'interno, alzeremo di mezzo millimetro lo snodo del carrello principale e taglieremo sempre mezzo millimetro il carrello anteriore. Ora il modello è in un assetto corretto. Per le decal useremo un mix composto di quelle del modello (per gli stencil e scritte di servizio), dal foglio TauroModel 72-580 ricaveremo il "Gatto" corretto (senza cerchio attorno), numeri di carrozzella e di matricola, insegne di nazionalità. Lo stemma ISAF e le ultime due cifre del numero di MM riportate sulla deriva, saremo obbligati a stamparle con la stampante inkjet su un foglio di decal trasparente. In particolare, abbiamo scaricato un font di nome "digital.ttf" per il numero e lo stemma ISAF ad alta risoluzione, poi trasformato con Photoshop in un colore simile all'FS36118. Una volta stampate, queste decal vanno fissate con l'apposito spray, ritagliate e posizionate con particolare cura. Il pilota è quello dell'USAF dal kit Hasegawa leggermente modificato e con la tuta di volo nel corretto color sabbia. La basetta è in legno; con una dima in cartone maschereremo il cerchio interno, creando così una sezione di "apron" che verniceremo ad aerografo in vari toni di grigio, bianco e marroncino più o meno schiariti, per dar l'idea del cemento scolorato. Senza dubbio il risultato finale appaga e abbiamo così aggiunto un altro protagonista dei nostri cieli alla collezione.

the reference color, we used a mix of Humbrol 14, 48 and 78, significantly approaching the real color. With two strips of plasticard we will simulate the retaining hooks, the AMX hasn't the normal ventral pylon, and loads are suspended to hooks installed inside the fuselage structure. After making a number of measurements, checking photos and drawings, we agree that the undercarriage is probably too low and it's also difficult to mount, so, on the wells interior, we will raise a millimeter of the joint of the main landing gear and cut a millimeter more and the nose gear. Now the model is properly trimmed, but still to low on the ground.

Il modello, in parte assemblato, pronto per una prima passata di vernice.

Now the model is ready for the first painting.

For the decals will use a mix composed of those of the model (for stencils and written service), from the sheet Tauromodel 72-580 we the correct "Cat" (without circle), ID and serial numbers, roundels. ISAF coat of arms and the last two digits of the number of MM reported on the fin are printed with inkjet printer on a sheet of clear decal. In particular, we downloaded a font called "digital.ttf" for the numbers, still from the Net high-resolution ISAF shield, then processed with Photoshop in a color similar to FS36118. Once printed, these decals must be fixed with the appropriate spray, cut and placed with great care. Hasegawa's USAF pilot is slightly modified and painted with the flight suit in the correct sand color. The wooden base is masked whit a circular shape, then airbrushed with various shades of gray simulating Heart apron, adding white and brown more or less bleached, to give the idea of discolored concrete. No doubt the end result pleases, having added another Italian skies' star to our collection, but, like most multimedia boxes, is not a "shake and bake" kit!

Tabella colori - *Color's table*

1) Nero semilucido FS27038	***1) FS27038 Semigloss black***
2) Air Superiority Gray FS36280	***2) FS36280 Air Superiority Gray***
3) Primer per metalli FS33481	***3) FS33481 ellow primer***
4) Miscela di colori (vedi testo)	***4) Colors mix (read text)***
5) Bianco semilucido FS27875	***5) FS27875 Semigloss white***

Modello della Warrior Model - Polonia
Libretto istruzioni 2 fogli A5
54 pezzi
Rapporto prezzo/qualità ★★★☆☆
Facilità di montaggio ★☆☆☆☆

Model maker: Warrior Model - Poland
Instruction booklet two A5 sheets
54 parts
Pricing vs. quality rating ★★★☆☆
Assembly rating ★☆☆☆☆

Legenda posto di pilotaggio AMX ACOL

A Leva carrello
B Interruttori luci
C Pannello armamento
D Posizione flap slats
E Controlli armamento
F Luce avviso principale
G Head-up display
H Luce incendio
I Luci avvisi
J Bussola
K Comandi impianto elettrico
L Quota cabina
M Flussometro
N Pannello carburante
O Contagiri
P Ricevitore allarme radar
Q Comandi HUD
R Comandi navigazione
S Display TV/IR a mappa
T Anemometro
U Indicatore d'assetto
V Altimetro
W Temperatura turbina
X Variometro
Y Indicatore d'assetto back-up
Z HSI Horizontal Situation Indicator
A1 Pannello avvisi
A2 Pedaliera
A3 Barra di comando

Cockpit layout AMX ACOL

A *Landing gear lever*
B *Lights switches*
C *Weapons panel*
D *Flap slats position indicator*
E *Weapons controls*
F *Main warning light*
G *Head-up display*
H *Fire warning light*
I *Advisory lights*
J *Compass*
K *Electric system controls*
L *Cockpit altimeter*
M *Fuel flow meter*
N *Fuel panel*
O *Jet RPM*
P *Radar warning receiver*
Q *HUD controls*
R *NAV controls*
S *TV/IR Map display*
T *Airspeed indicator*
U *Attitude indicator ADI*
V *Altimeter*
W *TIT turbine temperature*
X *VSI indicator*
Y *Back-up ADI*
Z *HSI Horizontal Situation Indicator*
A1 *Annunciator panel*
A2 *Pedals*
A3 *Control stick*

SALVATAGGIO
RESCUE

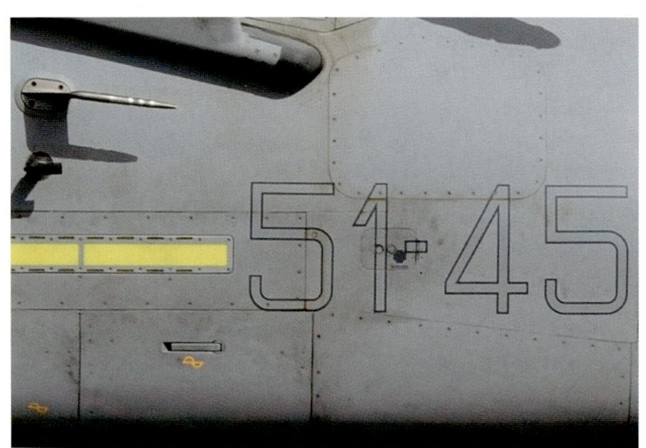
51-45

32-04

VALVOLA
RIDUZIONE
SPINTA
PERICOLO
GANCIO
ERU
DANGER
DANGER
THROTTLE
700A2162-001
POSIZIONE GANCIO

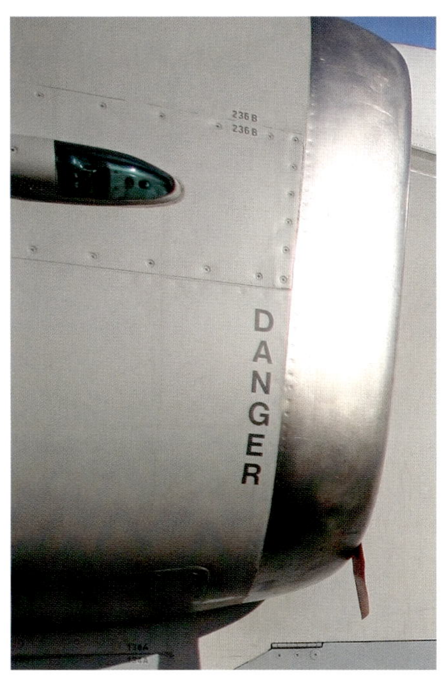
DANGER

78
1
BLACK CATS
86

AMX monoposto dati tecnici - Technical data monoplace

Lunghezza - lenght	13,23 m - 43 feet 8 inches
Altezza - height	4,55 m - 14 feet 11 inches
Aperture alare (con piloni) - wing span (with rails)	9,97 m - 32 feet 8 inches
Peso massimo al decollo - max take off weight	13.000 kg - 28,660 pounds
Peso a vuoto - empty weight	6.730 kg - 14,835 pounds
Motori - Engines	1 turbofan Rolls Royce / FIAT Avio RB.168-807 "Spey"
Spinta a secco - dry thrust	5.007 kg/s - 49,1 kN
Tangenza pratica - ceiling	13.000 m - 42,650 feet
Velocità massima senza carichi esterni - max speed in clean configuration	Mach 0.86 - 950km/h - 585 mph - 510 Kt.
Carburante serbatoi interni - max. internal fuel load	2.790 kg -
Accelerazione - G-factor	-3 g / +7,3g
Raggio d'azione - Radius	3.600 km - trasferimento 720 km - con massimo carico bellico
Armamento fisso - fixed weapon	Cannone/cannon General Electric M61A1 "Vulcan" da 20 mm

Armamenti utilizzabili - *Weaponry*

Missile aria-aria/air-to-air missile AIM-9L Sidewinder

Razzi non guidati/unguided rockets - bombe serie/bombs series.80 LDGP, Mk.82 e Mk.83, kit "Paveway II" GBU-16 per Mk.83, kit Lizard LGB, Kit Opher per Mk.82, bombe/bombs GBU-31/32 JDAM

Matricole Militari - Serials

AMX da MM7089 a MM7198	AMX from MM7089 to MM7198
AMX-T da MM55024 a MM55051	AMX-T from MM55024 to MM55051